Lasse Los

Seid ihr noch zu retten?

Lasse Los, Nachkriegsmodell Baujahr 1947, Diplom-Pädagoge, Psychologischer Berater, Liedermacher und Dichtender, kurzum: Passionierter und mittlerweile pensionierter Mitmensch, beruflich in verschiedenen sozialpädagogischen und psychologisch beratenden Feldern, auch spirituell begleitend, kreativ tätig gewesen, seit mehr als 25 Jahren seine Lebensweisheiten (ver)dichtend aktiv.

An die Nachgeborenen

Ihr,
die Ihr
nachgeboren
seid, Ihr werdet
es uns nicht verzeihen,
dass wir in Giervergorenheit
uns ausgelebt mit Wuchereien.

Dem Kahlfraß-Wohlstands-Wucher-Wahn,
dem wir erbarmungslos uns weihten,
verdankt Ihr Eure Leidensbahn.
Wir lebten noch in fetten Zeiten!

Ihr müsst die mageren Euch teilen,
die wir für Euch heraufbeschwor`n,
als wir in Kahl-Fraß-Gier vergor`n.
Welch` Schicksal wird Euch wohl ereilen?

Ich wünschte, jene hätten Recht, die
glauben, dass die Menschenwelt
im ö-ko-lo-gi-schen Ge-fecht,
das Euch den Horizont verstellt,
zu retten sei! Um welchen Preis?
Prognosen alarmier`n schon lange!
Hör` ich auf sie, wird mir so bange!

Ich protestier`, auch wenn ich weiß,
dass ich nicht viel erreichen kann.
Ich wehr` ihn ab, den Wucherbann
und leb` schon ökologischer.

Lasse Los

Lasse Los

Seid ihr noch zu retten?

Music-Textivals

*Bibliografische Information der Deutschen Nationalbibliothek:
Die Deutsche Nationalbibliothek verzeichnet diese Publikation in der
Deutschen Nationalbibliografie; detaillierte bibliografische Daten sind im
Internet über http://dnb.dnb.de abrufbar.*

© *2016 Name des Autors/Rechteinhabers: Lasse Los*

*Umschlaggestaltung: Lasse Los
Edition LOS Band 4
lasselos@email.de*

*Herstellung und Verlag:
BoD - Books on Demand,
Norderstedt*

ISBN: 978-3-7392-4290-3

Inhaltsverzeichnis   Seite

Vorwort   7

Seid ihr noch zu retten?   8
Ein ökologisches Gleichnis

Umkehr-Kur(s) Oder: Ein Mensch kehrt um!   34
Ein Gleichnis über die Umkehr eines Menschen

In allen Farben singen   60
Ein Gleichnis über Toleranz und Akzeptanz

Zurück ins Glück! Oder: Wege aus dem Glücksinfarkt   82
Ein Gleichnis über Wege aus dem Glücksinfarkt

Befreiter leben! Oder: Das Fichtengleichnis 108
Ein Gleichnis über den Ausgang aus einem entfremdeten Leben

Als ich das bessere Leben suchte …*   120
da träumte mir von „GOTT" - Ein Traumgleichnis zur Gottesfrage als Brief-Music-Textival

Anmerkungen   131

Vorwort

Eine wichtige Säule meiner sozialpädagogischen Arbeit war meine Jugend-Musikarbeit.** Neben Music-Text-Collagen, die sich auf bewegende Schicksalsbücher stützten [Gesine Wagner: Im Feuer ist mein Leben verbrannt (1990) - Etty Hillesum: Das denkende Herz der Baracke (1993) - Martin Gray: Der Schrei nach Leben (1995)] schrieb und komponierte ich Music-Textivals, die ich mit den Jugendbands „Paxophon" und „Vetorex" und dem Gesangsensemble „Salvaton" einstudierte. In verschiedenen Kirchen, in Gemeindehäusern, bei Eine-Welt-Tagen, auf Rügenfreizeit-Tourneen und während der Deutschen Evangelischen Kirchentage brachten wir sie zur Aufführung. Im Folgenden präsentiere ich meine „Eigengewächse" als Texte. Die Noten zu den Liedern werde ich in einem späteren Liederbuch mit all` meinen eigenen Liedern veröffentlichen.

SEID IHR NOCH ZU RETTEN?

EIN ÖKOLOGISCHES GLEICHNIS

1. Vorspiel – Instrumental

Seit unserer Studentenzeit schreiben wir uns regelmäßig, mein Freund Heiko und ich. Wir diskutieren brieflich die bedrängenden Probleme unserer Zeit. Manchmal schütten wir uns auch nur unser Herz aus.
In den letzten Jahren ist unsere Besorgnis um den Zustand des schönen, blauen Planeten, der uns beherbergt, arg gewachsen. Auch unsere Ratlosigkeit, wie er denn zu retten sei, ist gestiegen.
Der letzte Brief von Heiko war so alarmierend, dass er mich bis in meine Träume verfolgt hat.
Und so habe ich ihm schnell geantwortet:

Lieber Heiko!

Aus Deinem letzten Brief strömt mir eine Unruhe, Angst, ja fast Panik entgegen über den ökologischen Zustand unseres Planeten. Du schreibst, das anerkannte World-Watch-Institut gebe uns nach seinen Berechnungen noch etwa dreißig Jahre, um den ökologischen Untergang zu stoppen und eine tragfähige weltweite sozial und ökologisch verträgliche Lebensweise zu finden. Und nun hat Dich eine Rettungswut und ein Öko-Aktivismus gepackt, die mir beide als ebenso ungesund erscheinen wie unsere wuchernde Lebensweise.
In den Tagen, als ich über Deinen Brief nachdachte, hatte ich einen eigenartigen Traum, der vielleicht unser Globalproblem spiegelt. Diesen Traum möchte ich mit Dir teilen.

2. Instrumental: Befällt uns nicht ein Bangen/ Instr.

In meinem Traume lande ich,
überrascht und ungebeten,
irgendwo im Weltenraum
auf einem winzig kleinen, kaum
bekannten Schmetterlingsplaneten.

Das Reich der Falter ist gestört!
Die Raupen haben - unerhört! -
die Herrschaft übernommen
im Miteinander-Falter-Reich.

Die Raupen haben es zerstört.
"Wir sind die Herren!" so lautet
ihr Gebet, "und uns gehört
von nun an der Planet!"

Das Miteinander-Sonnenreich
der Schmetterlinge wurde nach
dem Raupen-Putsch ganz umbenannt
in die Vereinigte Union der Raupen.

Die Falter wurden bald verbannt,
verjagt, vertrieben, ohne Wahl
ins Falter-Ghetto eingewiesen
im unwirtlichen Faltertal.

Dort starben sie in großer Zahl,
denn dieses Ghetto, dieses Tal,
es konnte sie nicht alle nähren.

Wer überlebte, wurde nun
gezwungen wie ein Legehuhn,
in großen Legebatterien
den Raupennachwuchs heranzuziehen.

Denn wenn auch im Herrenwahn
sie sich heftig wehren,
gehört es nicht zur Lebensbahn
der Raupen, sich selber zu vermehren.

Drum mussten sie die Falter halten.
Die durften sich, wenn auch begrenzt,
im Ghetto selbst verwalten,
solange, wie sie ganz nach Plan

den Raupennachwuchs zeugten
und sich dem Raupenherrscherwahn
in ihrer Knechtschaft beugten.

Die jungen Raupen wurden dann
der Raupenaufzucht zugeteilt
und es ereilte sie - Stur-in-Spur -
die neue Raupen-Raub-Dressur.

Von früh an wurden sie erzogen
mit jenem Raupen-Slogan:
"Du bist nur, was Du frisst!"
der gleichzeitig Bekenntnis ist:
„Du bist nur, was Du frisst!"
und auch Begrüßungsformel.

Vom Raupenstaat gewünschter Gruß,
den jede Raupe der anderen
bei jedem Treff entbieten muss:
„Du bist nur, was Du frisst!"

3. Lied: Befällt uns nicht ein Bangen I

(A)   *Befällt Euch nicht ein Bangen,*
manchmal, wenn auch nur zart?
Wohin werdet Ihr gelangen
mit Eurer Lebensart?

(B)   *Befällt uns nicht ein Bangen,*
manchmal, wenn auch nur zart?
Wohin wollen wir gelangen
mit unsrer Lebensart?

(A)   *Befällt Euch nicht ein Bangen,*
manchmal, wenn auch nur zart?
Wohin werdet Ihr gelangen
mit Eurer Lebensart?

Die Philosophen im Raupenstaat
schufen eine neue Lehre
der Rechtfertigung durch Fressen
für die Raupen-Lebensart.
"Ich fresse, also bin ich!"

Dazu für's eigene Überleben
den Maßstab für das Nehmen und das Geben:
"Nur nehmen, nichts geben,
so könn`n wir besser leben!"

"Ich fresse, also bin ich!"

"Nur nehmen, nichts geben,

so könn`n wir besser leben!"

Der Volksmund drehte es so hin:
"Wer viel frisst, der ist bei uns in!"
„Wer mehr frisst als die anderen,
ja, der ist bei uns King!"

Der schnellste Kahlfraß galt bei ihnen
als die höchste Tugend!
Entsprechend dieser Lehren
vergnügte sich die Jugend

der Raupen oft an Wettkämpfen,
in denen sie - total besessen -
mit aggressivem Wettfressen
um die Gunst der meisten rangen.

Wer schneller fraß als andere
und das Gefressene dann erbrach
in kunstgerechten Formen,
der wurde nun - zu aller Wohl
gekürt als Kahlfraß-Kult-Idol.

Und wer dabei sein Leben gab,
bei diesen Friß-Erbrich-Turnieren,
den durfte dann ein Ehrengrab
und auch ein Helden-Nachruf zieren.

Verpuppen war verboten,
Falterwerden untersagt!
Wer es dennoch tat, dem drohten
Verfolgung und Ausschluss,

verjagt wurde er ins Ghetto
der Falter, als Raupen-
staatsfeind galt er
von nun an und für alle Zeit.

NUR-RAUFE-SEIN, das war erlaubt:

"Lieber als Raupe sterben,
als in Verpuppung zu verderben!"
so wurde es im Land geglaubt.

Verachtet wurde auch,
wer nur soviel fraß, wie er wirklich brauchte,
ohne seinen Bauch prall zu überfüllen.

Und die Träumer und die Mahner
und die, die Mitleid hatten
mit dem Los der Schmetterlinge,
wurden verhöhnt als Falterianer
und verdrängt in den Schatten
kargen Überlebens an die
Ränder der Gesellschaft.

4. Lied: Befällt uns nicht ein Bangen II

(A)   *Befällt Euch nicht ein Bangen,*
         manchmal, wenn auch nur zart?
         Wohin werdet Ihr gelangen
         mit Eurer Lebensart?

(B)   *Befällt uns nicht ein Bangen,*
         manchmal, wenn auch nur zart?
         Wohin wollen wir gelangen
         mit unsrer Lebensart?

(A)   *Befällt Euch nicht ein Bangen,*
         manchmal, wenn auch nur zart?
         Wohin werdet Ihr gelangen
         mit Eurer Lebensart?

Getrieben durch ihren Größenwahn
fingen nun die Raupen plan-
mäßig damit an,
alle Insekten anderer Art,

ihre Mitbewohner im Raupenstaat,
systematisch auszuschalten,
weil die sich artgemäß entfalten wollten,
anders als nach Raupenart.

Mit der arteigenen Chemie
brauten sie sich Pflanzengifte,
die man auf alles Fressbare verteilte.
Für Raupen waren sie kaum schädlich,

außer in größeren Mengen.
Doch alles andere Getier
ereilte die Vergiftung hier
als qualvoll inneres Versengen.

Nun, langfristig enthüllte sich
das Ganze als ein Teufelskreis.
Denn ihre Gifte störten auch
die eigene Befindlichkeit,
weil sie das Maul, den Hals, den Bauch
in ihrer Unersättlichkeit
nicht voll genug bekommen konnten.

Trotz allem Raupen-Lebenstrott,
trotz allem Raupen-Hohn und -Spott,
bildete sich mit der Zeit
im ganzen Land, planetenweit,
mal hier, mal da, eine kleine Schar
streitbarer Warner,

die ohne Wenn und Aber pur
vor den Folgen der Raupen-Raub-Kultur
eindringlich warnten
und zur Besinnung mahnten.

5. Lied: Befällt uns nicht ein Bangen III

(A)   Befällt Euch nicht ein Bangen,
        manchmal, wenn auch nur zart?
        Wohin werdet Ihr gelangen
        mit Eurer Lebensart?

(B)   Befällt uns nicht ein Bangen,
        manchmal, wenn auch nur zart?
        Wohin wollen wir gelangen
        mit unsrer Lebensart?

(A)   Befällt Euch nicht ein Bangen,
        manchmal, wenn auch nur zart?
        Wohin werdet Ihr gelangen
        mit Eurer Lebensart?

Die Folgen wurden immer klarer,
und auch für den Normalverbraucher
beim Hinsehen immer einsehbarer.

Ein enormer Kahlfraß-Stress,
ausgelöst durch jene Fressgelage,
die sie gierig pflegten,

trieb sie mit ihrer Lebensart
aus ihrer Herrscher-Gegenwart
in die globale Katastrophe,
auf die sie sich nun zu bewegten.

Ein alter, weiser Dichter,
den die Herrschenden vertrieben,
hatte schon vor langer Zeit
ein Warngedicht geschrieben:

Umkehren oder Umkommen?

*Noch ist es nicht zu spät,
uns vor dem Abgrund zu bewahren!
Doch nähert sich uns schon ein Donnerton,
der aus der Zukunft zu uns rollt!*

*Wer achtsam lebt, wird ihn gewahren
und spüren, wie er bebend grollt!
Er will uns offenbaren,
dass wir uns selbst bedroh`n!*

*Er kündet die Zerstörungsmacht,
die wir mit selbstherrlichem Tun
ohne Rücksicht voll entfacht!*

*Noch ist es nicht zu spät,
uns vor dem Abgrund zu bewahren!
Doch nähert sich uns schon ein Donnerton,
dem wir - im Schlemmersumpf verwöhnt –
nur benommen lauschen können,
wie er von zwei Wegen tönt:*

Umkehren oder Umkommen!

*Noch ist es nicht zu spät,
uns vor dem Abgrund zu bewahren!
Doch nähert sich uns schon ein Donnerton!*

Der dringliche Protest der Warner
entfesselte bei einem Teil
der aufgeweckten Raupen-Jugend
eine Jugend-Subkultur,
die eine Korrektur
der herrschenden Kultur
und eine Anti-Kahlfraß-Kur
radikal einklagten und
sich an allen Größenwahn
mit Spottliedern heranwagten:

6. Lied: Uns maßlos wuchernd ausagieren

1. Str.: Verstümmeln wir uns eifrig weiter,
verschmutzen sorglos unser Umfeld.
Wir wollen uns noch mehr verbreitern,
weil uns das eben so gefällt.

Refr.: „Sich maßlos wuchernd ausagieren!"
ist die Devise, die uns führt.
Dass wir dabei uns selbst verlieren,
hat uns nur selten angerührt.

2. Str.: Wir schrei`n, dass man die Umwelt schützt
und machen diese Mode mit,
doch nur soweit, wie sie uns nützt
und unserm weiteren Profit.

Refr.: „Uns maßlos wuchernd ausagieren!"
Diese Devise soll uns führen!
Dass wir dabei zu früh krepieren,
wird wohl die meisten kaum berühren.

An den Universitäten
auf dem gebeutelten Planeten
wurde fleißig einstudiert,
was den Elite-Nachwuchs kürt:

Einübung ins Herrschaftsdenken,
Lernen, raubgemäß zu denken,
Raupen-Denken, um zu lenken
den Planeten, den Planeten umzulenken,
raupenwucherwahngemäß.

Einübung ins Herrscherdenken,
um den Raupenstaat zu lenken
und die Wissenschaft zu mehren,
die auch in Zukunft garantiert,
von der Ausbeutung zu zehren,
welche in den Wohlstand führt.

Einübung ins Herrscherdenken,
um immer wieder einzuschwenken
ins Raupen-Raub-Erlaubte-Denken.
Sich mit Strategien tränken,
um den Widerstand zu senken,
der sich trotz allem manchmal regt,
doch, schnell bekämpft, sich wieder legt.

Nun, an den Universitäten
auf dem gebeutelten Planeten,
tummelten sich einige,
ganz aufgeweckt lebendige
Studentinnen und Studenten.
Sie kritisierten - trotz Zensur -
die denkerische Raub-Dressur
und priesen ihre eigene Tour,
eine Art Befreiungskur:

"Ihr ertrinkt im falschen Denken!
Haltet an! Gewahrt den Wahn!
Ihr sollt Euch nicht mehr verrenken!
Ihr sollt Euch dem LEBEN schenken!
Ihr sollt auf der Denkerbahn
Leben fördern und nicht kränken!"

7. Kanon: Denk mal nicht soviel

Denk` mal nicht soviel, sondern lebe!
Und gewahre, was das Leben soll!
Spüre es und spure ihm Ton-in-Ton!
Und dann versprühe in vielen Farben Dich!

Nun, an den Universitäten
auf dem gebeutelten Planeten,
regte sich auch Widerstand
bei Wissenschaftlern, die erkannt hatten
durch Erforschungen von
so manchen Schädigungen:

Die Raupen-Staats-Kultur
bewegt sich hin auf einer Spur
mit einem ungeheuren Schwung
in die globale Selbstzerstörung.

Als Rettungsstrategie propagierten sie:
Eine Rettung gibt es nur:
Die gesunde Schrumpfungskur
unserer herrschenden Kultur.

Kahlfraß ja, doch nur soweit,
wie es der Planet bereit
stellen kann mit seinen Grenzen.
Denn wir müssen überleben,
um für die Raupen-Lebensart
und den errungenen Raupenstaat
eine Zukunft zu erstreben!

Also hört: Es ist doch logisch:

Kahlfraß ja, doch ökologisch!"

Auch im Tal der Schmetterlinge,
in dem Ghetto aller Falter,
rührte sich der Widerstand
gegen den Wahn im Raupenland.

Von Jahr zu Jahr war es nun klar
und deutlicher geworden:
Die Räubereien der Raupenhorden,
ihre Herrschervermessenheit
und ihre Gier-Besessenheit
und ihre Seinsvergessenheit
führen zum Planetenmorden!

Rettung gibt es nur für alle,
wenn die Raupen endlich einsehen,
dass sie sich in einer Falle
verfangen haben und darin
selbstmörderisch zugrunde gehen.

Schmetterlinge sollen sie werden
im Miteinander-Sonnenreich.
Raupe-Sein ist nur in Herden
attraktiv und wonnenreich.
Doch es ist bloß Übergang,
dienendes Leben im unteren Rang!

Es tagte der Krisenstab der Falter
im Rat der Ghetto-Selbstverwalter.
Er besprach die schlimme Lage
und entschied sich in dieser Frage
von Leben oder Tod des Planeten,

ins Raupen-Land, wenn auch ungebeten,
mit einer Mission einzudringen,
um die Raupen noch rechtzeitig
vom Selbstmordkurs abzubringen.

Es wurden viele Falter nun
ausgewählt für die Mission
überall im Raupenland.

Zu Botschaftern wurden sie ernannt,
die befreiende Lebensart
im gesamten Raupenstaat
rettend zu verkünden.

Als sie nun plötzlich überall
im ganzen Raupenland auftauchten,
entstand ein großer Widerhall:

Verlacht, verspottet wurden sie,
geschlagen und in manchem Fall
gefoltert, gemordet. Es hauchten
viele Falter ihr Leben aus.

In der Vereinigten Union der Raupen
gingen Sprüche um:
"Folter für die Falter!" und
"Schmetter` hin den Schmetterling!"

oder auch: "Verfolgt die Falter!
Foltert sie! Entfaltet Eure Kraft,
gegen ihre Falter-Botschaft
und entfaltert uns von ihnen!"

Trotz hasserfüllter Raupen-Feindschaft
verkündeten die Schmetterlinge
unbeirrt die Falter-Botschaft:

Ihr sollt doch Schmetterlinge werden!

*Was hat Euch bloß, Ihr Raupen,
so den Verstand geraubt,
dass Ihr Euch am Rauben messt
und Euch zu Tode fresst
und dabei total vergesst:
Ihr sollt Euch noch verpuppen!*

*Was hat Euch bloß, Ihr Raupen,
so den Verstand geraubt
und Eure Gier geweckt,
dass Ihr Euch ohne Maß verspeckt
und dabei nicht erschreckt:
Ihr sollt Euch doch verpuppen!*

*Wer hat Euch bloß, Ihr Raupen,
das Lebensziel geraubt!?
Wer hat Euch denn erlaubt,
den Planeten zu verderben,
den Raupentod zu sterben,
ohne Euch zu verpuppen:
Ihr sollt doch Schmetterlinge werden!*

8. Lied: Heilsames Mißlingen

Refr.: Was durchkreuzt da Lebensplanung,
ist es Störung, ist es Warnung
vor ersehnten Lebensbuchten
und vor temperierten Fluchten?

1. Str.: Was durchkreuzt da Lebensplanung,
ist es Störung, ist es Warnung
vor ersehnten Lebensbuchten
und vor temperierten Fluchten?

Refr.: Was durchkreuzt da Lebensplanung,
ist es Störung, ist es Warnung
vor ersehnten Lebensbuchten
und vor temperierten Fluchten?

2. Str.: Was soll denn Durchkreuzung lehren,
dem, der Ohren hat zu hören
und zu lauschen auf Misslingen?
Soll er Misserfolg erringen?

Refr.: Was durchkreuzt da Lebensplanung,
ist es Störung, ist es Warnung
vor ersehnten Lebensbuchten
und vor temperierten Fluchten?

3. Str.: Was soll denn Durchkreuzung lehren,
dem, der Ohren hat zu hören
und zu lauschen auf Misslingen?
Soll er Misserfolg erringen?
Der ihn vor falschen Wegen schützt
und gegen allen Augenschein
ihm heilsam mit durchlösender Pein
in seinem weiteren Streben nützt?

Refr.: Was durchkreuzt da Lebensplanung,
ist es Störung, ist es Warnung
vor ersehnten Lebensbuchten
und vor temperierten Fluchten?

Ein ungeheurer Widerstand
verbreitete sich im Raupenland
gegen jene Falterbotschaft.
Viele Falter wurden in Haft
genommen und geprügelt,
tief gequält und ungezügelt
ohne einen Rechtsbeistand,
ganz legal und so erlaubt
aller Falterwürde beraubt.

Trotz mancher Qual durch Gegenwehr
forderten die Schmetterlinge
weiter auf zur Raupen-Umkehr.

Ein besonders kühner Falter
hielt auf dem Höhepunkt der Fehde
in seinem noch sehr jungen Alter
eine ergreifende Rede:

Ja, ich weiß, Ihr Raupen:
Ihr träumt immer von Veredlung!
Doch Ihr werdet diese nicht im Kahlfraß-Wohlstand finden!
Vielmehr wird Euch der ersehnte Reichtum binden und erblinden
lassen für die arteigene Lebensbahn, und Ihr werdet Euch
erdrücken im selbst gewählten Wucherwahn.

Und Eure Vergiftungen und Eure Plünderungen werden sich gegen
Euch richten und die Plünderer plündern und die Vergifter vergiften.
Darum erwacht und seht, was Ihr angerichtet habt, und träumt
Euren Traum von der Veredelung in neuer befreiender Weise.

Träumt Euch schon jetzt als Schmetterlinge, und lebt so,
schöpfungsbewahrend, so dass ihr einst, nach der Verpuppung,
Euch wiederfinden werdet im ersehnten Falterdasein:
Im Miteinander- Sonnenreich der Schmetterlinge.

Was Ihr wachen Raupen fordert: Kahlfraß ja, doch ökologisch,
das ist bloß Verwässerung und keine Verbesserung.
UMKEHR ist von Nöten, radikaler Schnitt! Sonst werdet Ihr
Euch doch noch töten, und wir vergehen gleichzeitig mit !"

9. Lied: *Einfach leben!*

Refr.:   *Einfach leben, einfach leben! (4 x)*

1. Str.:   *Kreatives Eigenleben!*
Unverwechselbares Beben!
Nicht an Konventionen kleben,
sondern neue Muster weben!
Originalität freigeben
und sich aufrichtend erheben!

Refr.:   *Einfach leben, einfach leben! (4 x)*

2. Str.:   *Und das Knebeln und Vernebeln*
aus den rostigen Angeln hebeln!
Denen, die daneben schweben,
weisende Impulse geben,
dass sie Sich-Rund-Um erleben
und nach EIGEN-Tönung streben!

Refr.:   *Einfach leben, einfach leben! (4 x)*

Nun, es gab von Fall zu Fall,
hier und da im Raupenstaat,
auch einen guten Widerhall,
bei dem die Falter jene Saat
ihrer Botschaft säen konnten.

Und nach einer Zeit, da sonnten
sie sich in Gemeinden
von bekehrten Falterfeinden.

Und so manch` bekehrte Raupenfrau
begehrte von ihrem Ehemann:

Sich nicht mehr zu wehren,
und nicht mehr zu hassen.
Sich vielmehr in Ehren
bekehren zu lassen!

„Ach, mein Alter, Du sollst Falter werden,
das ist Deine Lebensbahn.
Halte ein im Wucherwahn
unserer Raupen-Raub-Kultur.

Lass Dich pur, stur-in-Spur,
 in den Ring der Verpuppung,
denn nur so wirst Du froh,
 wirst Du bald ein Schmetterling."

Für die vielen Raupenkinder
der verschiedenen Raupenarten
haben sie ein Lied geschrieben.
Die Vertonung muss noch warten.
Doch der Refrain ist schon erklungen.
Er wird vielerorts gesungen.

Denn die Kinder sind noch offen,
wacher als so manch ein Alter.
Auf sie kann man noch hoffen
beim Evangelium der Falter.

10. Lied: Das Raupen-Kinderlied:

1. Str.:   Ach, ich kleine schwarze Raupe,
           ach, ich junges Ding!
           Höre ich die Falter an,
           weiß ich, dass ich irgendwann
           auch ein bunter Schmetterling
           werden soll und werden kann.

Refr.:   Danach will ich streben,
           danach will ich leben.
           Denn tief in meinem Herzen
           weiß ich schon in meinem Alter:
           Irgendwann, da werde ich
           ein schöner bunter Falter.

2. Str.: *Die Schmetterlinge sagen,*
der Weg geht durch's Verwandeln.
Ich will es geduldig tragen
und ihm nicht zuwiderhandeln,
um mich einst nach dem Verpuppen
in das Falter-Sein zu wagen.

Refr.: *Danach will ich streben,*
danach will ich leben.
Denn tief in meinem Herzen
weiß ich schon in meinem Alter:
Irgendwann, da werde ich
ein schöner bunter Falter.

3. Str.: *Ach, Ihr Brüder, ach, Ihr Schwestern!*
Könnt Ihr nicht meine Sehnsucht teilen?
Ihr klebt noch sehr im Raupengestern!
Wollt Ihr denn darin ganz verweilen?
Erwacht! Verlasst den Raupenwestern!
Auf, Auf! Enteilt ins Falter-Sein!

Refr.: *Danach lasst uns streben,*
danach lasst uns leben.
Denn tief in unsren Herzen
wissen wir schon in unsrem Alter:
Irgendwann, da werden wir
schöne bunter Falter.

Auch die Kirchen blieben nicht
unberührt vom neuen Aufbruch.
Sie reagierten zögerlich,
abwehrbereit im Urteilsspruch.

Vereinzelt gab es Zustimmung
zum Falter-Evangelium:
Denn eigentlich war es bekannt,
was die Falter im Gewand
ihrer Sprache verkündeten.

Doch es war von mächtigen
klerikalen Raupen-Popen
häufig an den Kirchenrand
abgedrängt, dorthin verbannt,
ignoriert und auch verkannt.

Denn die uralt-neue Botschaft
störte empfindlich ihre Art
der gewollten Partnerschaft
mit dem starken Raupenstaat,

wenn man sich auch als Ornat
bei den religiösen Feiern
Flügelraupen-Kleider anzog
und mit Litaneien-Leiern
sich ums Lebensziel betrog:

Schmetterling schon hier auf Erden
statt im Himmel erst zu werden.
Die Herde sollte dieses glauben
und sich deshalb auch erlauben,
dieser Sicht Respekt zu zollen,
gehorsam zu folgen und nicht zu grollen.

Drum hagelte es breite Abwehr
an fast allen Kirchenfronten.
Die lebensrettende Umkehr
blieb meist verwehrt!

Wie konnten auch die Falter hoffen,
dass die verraupten Kirchen offen
wären für ihre Falter-Botschaft.

Dafür ging es den Gläubigen
doch viel zu gut im raupenhaften
Kahlfraß-Wohlstands-Wucher-Wahn.
Und nach der Zahl der Reuigen
krähte kaum einmal ein Hahn!

Unzufrieden mit der Weise,
wie man in der Kirche glaubte,
die den Gläubigen auf der Reise
durch ihr Leben kaum erlaubte,

auch den Glauben zu erfahren,
außer kirchlich vorgegeben
mit dogmatischem Gebaren
als Stütze für das Kirchenleben,

gaben sich manch` Glaubende
der Mission der Falter hin,
suchten allerdings darin
einen ganz besonderen Ton:

Esoterische Erfahrung
mit dem göttlich inneren Falter
als der neuen Offenbarung
jetzt im Schmetterlingszeitalter.

Dem Falter-Evangelium
vom raupbefreiten Falterleben
auch mit den Raupen im Rundum,
dem wollten sie sich nicht hingeben.

Das war ihnen trotz aller Falter-
Entfaltung viel zu erdgebunden.
So suchten sie es zu erkunden,
als esoterische Gestalter:

Jedoch nur wieder reduziert,
nur innerlich und erdenthoben,
das Falterleben nur halbiert
ins Seelenhafte abgeschoben

und so letztendlich doch das Reich
der Raupenherrschaft mitfundierend,
durch`s Esot(i)erische verführt,
ganz egoterisch kuschelweich!

11. Lied: Bildsequenz im Lebensfilm

Refr.:   *Du bist wie eine Bildsequenz*
           Im bunten Film des Lebens! (2 x)

1. Str.: *Doch wenn Du Dich dem Film entziehst,*
            im Kreisen um Dich selber fliehst,
            verlebst Du Dich, verpuffst Du Dich
            vergebens!

Refr.:   *Du bist wie eine Bildsequenz*
           Im bunten Film des Lebens! (2 x)

2. Str.: *Wenn Du mit Dir den Film beschenkst*
            und nicht nur an Dich selber denkst,
            dann strebst Du nicht, dann lebst Du nicht
            vergebens!

Refr.:   *Du bist wie eine Bildsequenz*
           Im bunten Film des Lebens! (2 x)

3. Str.: *Entscheide Dich nun, was Du willst,*
            womit Du Dir Dein Leben füllst.
            Damit am Ende es nicht schreit:
            Vergebens!

Refr.:   *Du bist wie eine Bildsequenz*
           Im bunten Film des Lebens! (2 x)

Es entstand eine Bewegung,
die das ganze Land erfasste:

Vielerorts Begeisterung
für die Einsicht der Befreiung
vom ewigen Nur-Raupe-Sein.

Vielerorts jedoch, da hasste
man das klare Falter-Nein
zur geliebten Herrscherordnung.

Es entbrannte mit der Zeit
ein harter Überlebensstreit,
der im Lande weit und breit
alle geglaubte Sicherheit
bezweifelte und für das Leid,
das kommen wird, planetenweit,
eine sensible Achtsamkeit
überall erweckte.

Wie es ausgehen wird, ist offen.
Doch vielleicht ist noch zu hoffen,
dass die Wende vor dem Ende
einkehrt mit der Umkehr alter,
eingefahrener Lebensweisen
hin zu der Weisheit aller Falter.

Was wäre das für ein Gewinn!

12. Lied: Memento Mori

Wenn Du in beruhigten Zeiten
schon das feine Läuten hörst,
das sich andere vorbereiten,
in denen Du geläutert wirst,
bist Du viel bewusster Dir
und all` Deiner Lebenskreise,
lebst noch aufmerksamer hier
und jetzt, findest eine Weise
immer grüner Achtsamkeit,
für all` das, was lebt und stirbt,
triffst in Unverfügbarkeit das,
was um Dein Tiefstes wirbt
und in Deine Endlichkeit
Urlebendiges
entbirgt.

So wird es auch in ruhigen Zeiten
Dich durch Oberflächlichkeiten
auf geheimen Bahnen leiten
und - worum es geht -
Dich weiten.

Und ich erwache aus dem Traum,
in dem ein Albdruck mit mir rang,
mit einer Ahnung und es raunt mir
entgegen, bedrohlich im Klang:

Übergang oder Untergang?

Und dies gilt nicht nur für den Traum vom Schmetterlingsplaneten.
Und ich höre eine Mahnung, einen Umkehr-Ruf:

Raupen! Hin zum Schmetterling!
Menschen! Auf zum Menschen-Mensch!

Und ich habe auch die Warnung dringlich, deutlich mit vernommen:
Umkehren oder Umkommen?!?

13. Lied: Bin ich oder spinn` ich?

Refr. I: *Bin ich oder spinn` ich?*
Bin ich oder spinn` ich?
Bin ich oder spinn` ich:
So bin ich!

1. Str.: *Ach, wie oft spinn` ich mich ein,*
hause in dem „Missing-Link",
nur halbwach im Dämmerdasein,
das den Menschen vom Affen trennt.
Und ich gäre eine Zeit vor mich hin,
in dem Zustand heimeliger
Affenmenschlichkeit.

Refr.II: *Wann endlich werd` ich gar sein?*
Wann wird` ich gar sein?
Wann endlich wird` ich klar sein?
Wann werd` ich klar sein?

2. Str.: *Ach, bisher steht mir der Sinn*
selten nur - jahraus, jahrein –
nach dem verborgenen
Mensch-Menschen,
der ich im Tiefsten bin.
Und ich gäre eine Zeit vor mich hin,
in dem Zustand heimeliger
Affenmenschlichkeit.

Refr.II: *Wann endlich werd` ich gar sein?*
Wann wird` ich gar sein?
Wann endlich wird` ich klar sein?
Wann werd` ich klar sein?

Refr. I: *Bin ich oder spinn` ich?*
Bin ich oder spinn` ich?
Bin ich oder spinn` ich:
So bin ich!

Lieber Heiko!

Reicht es denn, wenn die Raupen sich aus Angst um ihre Zukunft blindwütig in einen Rettungsaktivismus stürzen, der sie nur dazu anhält, ihre Umwelt ein bisschen weniger zu vergiften, ihren Kahlfraß etwas zu mindern, ansonsten aber ihre selbstverständliche Beherrscherrolle beizubehalten, so dass sie nicht begreifen, in welch' großes Wandlungsgeschehen sie eingebettet sind?

Wenn sie nicht umkehren und sich als werdende Schmetterlinge gewahren, ist alle Rettungswut vergeblich!

Schauen wir in diesen Traumspiegel: Es ist nur ein Traum, aber vielleicht hat er auch für uns Bedeutung. Lass uns einmal gründlich darüber nachdenken!

Zum Schluss grüße ich Dich noch mit einem kleinen Gedicht:

Lass`
doch den
Schmetterling in Dir erklingen,
damit Du Dich nicht vorzeitig
im
Raupen-Sein
zerfrisst, verlierst,
zerschmetterst.

14. Nachspiel: Befällt uns nicht ein Bangen/ Instr.

Umkehr – Kur(s)

oder:

**Riskiere
nicht, es anzuschalten,
wenn Du nicht in der Lage bist,
es jederzeit auch wieder anzuhalten!**

oder

***DER
KYBER-
NETISCHE
IMPERATIV***

Music-Textival

1. Vorspiel (Instr.)

Prolog: **Bienenweisheit**

In diesem antastbaren Leben
sollst Du nur so viel Dir erstreben,
wie eine Biene es vermag.

Sie lässt der Blüte Duft und Pracht,
sie tötet nicht, wie wir mit Macht,
die blumig-fruchtige Natur.

Die Biene nimmt nicht nur:
ihr Nehmen ist - so nebenbei -
auch noch ein Geben.

Denn sie bestäubt die Blütenpracht,
hilft dabei mit, ganz sanft und sacht,
den Früchtekranz erneut zu weben.

2. Lied: Unheilszeichen

Schon erreichen uns die Zeichen
einer schlimmen Wandlungstour
und verkünden uns die Sünden
unsrer Wucher-Wahn-Kultur:
Die Bedrohung und Verrohung
auf maßloser Kahlfraß-Spur!

Doch die Zeichen,
sie werden weichen,
und das Unheil, es kommt pur.
Wenn wir uns nicht bald umwenden,
wird der Planet brutal verenden
in einer selbstgewählten Untergangstortur.

Endlich! Endlich!
Manche Tage harten Streites
um die Müllverbrennungsanlage,
sie sind vorbei!
Die Fraktion der im Stadtrat
dieser Stadt alleine herrschenden Partei
hat nach seiner Sondersitzung
am Samstagnachmittag
nun mehrheitlich beschlossen:

"Trotz mancherlei Bedenken,
trotz manchem Gegenlenken:
Die Zeiten alter Müll-
Deponierung sind verflossen!
Nach gründlicher Mülltrennung
kommt für den Restmüll die Verbrennung!

Gegen allen Widerstand
bauen wir aus Mitteln
der öffentlichen Hand,
dies steht nun völlig außer Frage,
für unsere Stadt, für die Region
die Müllverbrennungsanlage.

Den Stadtrat, den beherrschen wir!
Deshalb ist dieses jetzt wohl schon
beschlossene Sache hier!"

Mit fröhlichem Halli-Hallo
trennt man sich heute
ganz ohne Verdruss.
Fast alle frohlocken
nach diesem Beschluss.

Vor allem die führende Mini-Fraktion,
die informelle in der Fraktion,
die unter Ausschluss der anderen sieben
jenen Beschluss generalstabsmäßig
und medienwirksam vorangetrieben.

Sie alle haben - ohne Frage
ein Eigeninteresse am Bau
der Müllverbrennungsanlage,
die sie jedoch als Politiker
von ihrem Schlage,
sprachlich geschönt proklamieren
als thermische Abfall-Entsorgungsanlage.

3. Lied: Sperberlied

Refr.:   *Ratschlag für die Stärkeren! (4 x)*

1. Str.:   *Vom Himmel schoss ein Sperber nieder*
und fand sich auf der Erde wieder
am Halse eines Mäuserich.
Er krallte ihn, der wehrte sich
und schrie aus Leibeskräften.

2. Str.:   *Der Sperber hat ihn tot hackt,*
hat ihn mit sicherem Griff gepackt
und ist mit ihm zum Sperbernest geflogen:
Mensch, war das ein Fest,
mit Mäuserich-Ragout.

3. Str.: Normalerweise war`s das schon!
Doch dieses Mal erklingt noch ein Zwischenton:
Der Mäuserich, bereits geschwächt
vom Gift, hat sich damit gerächt
und alle Sperber ausgerottet!

4. Str.: Und die Moral von der Geschicht`
legt sich doch nahe, oder nicht?
Gedenke, sei Dir stets gewahr:
Deiner Stärke, Deiner Grenzen,
sonst spürst Du bald schon selbst-
zerstörerische Konsequenzen!

Als erste im Bunde der Mini-Fraktion,
der herrschenden Runde in der Fraktion,
sei hier zu nennen die feine Dame Lea,
die Baronin Frau von Rauch,
Eigenerin der Firma T H E A ,
der Betreiber - G m b H
für thermische Abfall-Entsorgung.

Als zweiter sei genannt: Erwin Streiter,
ihr Manager, ihr Betreibergesellschaftsleiter
und ihre rechte Hand; Anteilseigner, Aktionär
bei derselben Firma T H E A.

Als dritter nun im Dschungel,
im kommunalpolitischen,
der Stadtdirektor Friedrich Kungel,
der Chef der Stadtverwaltung.
Natürlich auch er ein Aktionär
bei jener Firma T H E A ,
gut befreundet auch
mit der Eignerin,
der Baronin Frau von Rauch.
Beruflich darin engagiert,
den städtischen Müll höchst optimiert
und kostengünstig zu entsorgen.

Als vierter im Bunde noch ein Direktor
in dieser auserwählten Runde:
Der Chef der neuen Euro-Bank
mit dem Namen Gisbert Umrank.
Selbstverständlich auch er
Aktionär bei der erwähnten Firma T H E A,
sehr interessiert und höchst motiviert,
ja überall und allezeit
zu Finanzierungstricks bereit
für den erwarteten Profit
aus dem Projekte-Großkredit.

Der fünfte im herrschenden Zweckverbund,
ob Ihr es denn vielleicht schon wisst,
ist der Diplom-Landwirt, der Großgrund-Besitzer
Herr Wilhelm van der List.
Er rechnet mit einem immerhin
in Aussicht gestellten profitablen Gewinn
beim Verkauf des Baugrundes aus seinem Besitz,
obwohl ihm dieses - in stillen Stunden -
manchmal erscheint wie ein böser Witz.

Denn aus der Sicht seines Ethos als Bauer
müsste er strikt dagegen sein.
Manchmal wird er ziemlich sauer,
kalkuliert er jenen Schaden ein,
mit der die Müllverbrennung
die Qualität der Luft,
des Bodens und des Wassers senkt
und unerforschte Schadstoffe
in unsere Nahrungskette mengt.

In diesem ethisch-moralischen Sinn
denkt oftmals auch seine Schwägerin,
die Gärtnereien-Besitzerin
Frau Hanna Schrunde,
die sechste in diesem Bunde,
obwohl nur notgedrungen
durch ein Versprechen,
das sich die andern abgerungen

für sie, um ihr zu helfen
in ihrer wirtschaftlichen Not,
weil ihren Gärtnerei-Betrieben
sonst bald schon der Ruin
durch ein Konkursverfahren droht.
Nur der Not gehorchend
hat sie zugestimmt
gegen ihr Gewissen,
und entsprechend fühlt sie sich
innerlich zerrissen.

4. Lied: Bin ich oder spinn`ich?

Refr. I: Bin ich oder spinn`ich?
*   Bin ich oder spinn`ich?*
*   Bin ich oder spinn`ich:*
*   So bin ich!*

1. Str.:   Ach, wie oft spinn`ich mich ein,
*   hause in dem „Missing-Link",*
*   nur halbwach im Dämmerdasein,*
*   das den Menschen vom Affen trennt.*
*   Und ich gäre eine Zeit vor mich hin,*
*   in dem Zustand heimeliger*
*   Affenmenschlichkeit.*

Refr.II: Wann endlich werd`ich gar sein?
*   Wann wird`ich gar sein?*
*   Wann endlich wird`ich klar sein?*
*   Wann werd`ich klar sein?*

2. Str.:   Ach, bisher steht mir der Sinn
*   selten nur - jahraus, jahrein –*
*   nach dem verborgenen Mensch-Menschen,*
*   der ich im Tiefsten bin.*
*   Und ich gäre eine Zeit vor mich hin,*
*   in dem Zustand heimeliger*
*   Affenmenschlichkeit.*

Refr.II: *Wann endlich werd` ich gar sein?*
Wann wird` ich gar sein?
Wann endlich wird` ich klar sein?
Wann werd` ich klar sein?

Refr. I: *Bin ich oder spinn` ich?*
Bin ich oder spinn` ich?
Bin ich oder spinn` ich:
So bin ich!

Um sich zu zerstreuen,
zieht sie, Hanna Schrunde,
mit dem Rest der Runde
aus der Stadt hin zum Kirmesplatz.

Bei der herbstlichen Kirmes
tobt die Hatz auf das Geld derer,
die hier aus dem Vollen schöpfen sollen,
die beim Schießen, Fahren, Rollen,
Lose ziehen, Essen und vor allem Trinken
sich deftig amüsieren wollen.

Bei jenem Kirmesbummel weicht
langsam ihre Anspannung.
Ausgelassen freuen sich alle
an diesem ganzen Rummel.
Nach manchem Bier aus Pilsener Quell
juchzen sie übermütig,
laut und grell bei ihrer Fahrt
auf einem flotten, älteren Kettenkarussell.

Zum Abend hin beschließen sie,
den Rest des Tages zu genießen:
Gepflegt zu speisen
auf Kosten von Spesen.
In ihrem noblen Stammlokal
nehmen sie ein reiches Nachtmahl,
essen und vor allem trinken
nach freier Wahl und auf ihr Wohl.

Die Bezahlung wird geregelt
nach allgemein üblicher Masche:
parteiintern, spesengerecht
aus des Steuerzahlers Tasche.

5. Lied: Wir sind alle kleine Egoisten

1. Str.:   *Wir sind doch alle kleine Egoisten!*
Ja, das liegt uns so im Blut.
Wir sind doch alle kleine Egoisten!
Und wir strampeln mit der Flut:

2. Str.:   *Wir sind doch alle kleine Egoisten!*
Dazu braucht es nicht viel Mut.
Wir sind doch alle kleine Egoisten!
Darin nisten wir sehr gut.

3. Str.:   *Wir sind doch alle kleine Egoisten!*
Aber groß ist unsere Zahl.
Wir sind doch alle kleine Egoisten!
Doch wir tarnen uns sozial.

Refr.:   *Ich michel mich!*
Du dichelst Dich!
Und er, sie, es
sichelt sich!
Wir unseln uns!
Ihr euchelt euch!
Und sie, sie sicheln sich!

Nur Hanna Schrunde, die Gärtnerin,
besteht darauf, in dieser Runde
ihre Zeche selbst zu zahlen,
denn ihre inwendigen Qualen
treiben sie an, aus Gewissensgründen
ihre Schlemmersünden
und manch` getrunkene Flasche
selbst zu begleichen aus eigener Tasche.

Je länger sie trinken,
desto tiefer sinken sie in ihrem Niveau.
Ihre Sprüche werden rauher,
ihr Krakeelen wird roh.
Schon ziemlich angetrunken,
unziemlich abgesunken,
intoniert unser Direktor der Euro-Bank,
Gisbert Umrank,
einen Trinkspruch ungeniert,
der seine ganze Denkungsart
ungefiltert offenbart:

"Ein Prosit, ein Prosit,
auf den Gesellschaftskitt!
Ein Prosit, ein Prosit,
auf den Pro-Kopf-Profit!
Ein Prosit, ein Prosit,
auf unsere profitable,
rechtsstaatlich abgesicherte
freiheitlich-demokratische
liberale Grund-Buch-Ordnung!
Ein Prosit, ein Prosit,
auf den Gesellschaftskitt.
Ein Prosit, ein Prosit,
auf den Pro-Kopf-Profit!"

Bis auf Hanna Schrunde,
die Eignerin von Gärtnereien,
stimmen alle begeistert ein
in dieser feucht-fröhlichen Runde.

6.Lied: Trinkspruch: Ein Prosit

Ein Prosit, ein Prosit,
auf den Gesellschaftskitt!
Ein Prosit, ein Prosit,
auf den Pro-Kopf-Profit!

Zur Sperrstunde, um Mitternacht,
verlassen sie nach frohem Schwatz
ihr Stammlokal und ziehen - alkoholisiert -
ein Lied im Munde noch einmal
hinaus zum Kirmesplatz.

Schon lange ruht die Kirmes,
kühl ist es zwischen all der Pracht.
Ein sanfter Nieselregen streicht
kaum merklich sacht
durch diese spätherbstliche Nacht.
Vergnügungswütig torkeln sie dahin.

Auf ihrer Jagd nach neuem Lustgewinn
erstürmen sie ihren Kirmes-Freuden-Quell,
das alte Kettenkarussell.
Übermütig schnallen sie sich
in die Sitze, schaukeln sich
auch gegenseitig,
kreischen vor Vergnügen.

Erwin Streiter, der Manager
und T H E A - Gesellschaftsleiter,
erinnert sich noch gut daran,
an seine raue Jugendzeit
als Kirmes-Hilfsarbeiter,
und wie man sie anschalten kann,
die Kettenkarussells, die alten.

Die andern treiben ihn lachend an,
und keinem wird sie jetzt gewahr,
die allen drohende Gefahr,
falls es ihm gelingen sollte.

Nach einigem Hantieren,
nach einigem Probieren
wird man belohnt für jenen Drang:
Das Karussell setzt sich in Gang!
Erst langsam und dann schneller werdend
bis hin zur Höchstgeschwindigkeit.

Die überraschten Freudenschreie
in diesem nächtlichen Idyll
schlagen bald um in Angstgebrüll!
Weil nun ein jeder es gewahrt,
wie grausam sie sich foppen
mit ihrem unbedachten Tun:
Die Fahrt im Kettenkarussell,
sie ist nicht mehr zu stoppen!

Sie schreien um Hilfe fluchen, toben,
beschimpfen sich im Widerstreit.
Doch keiner hört sie weit und breit,
wie sie da oben, schreiend,
fluchend und auch bereuend
weiter kreisen - erdenthoben -
immer rund und ziemlich schnell
auf dem Kettenkarussell.
Immer rund und ganz schön flott
im verketteten Komplott.

7. Lied: Immer rund

Immer rund und ziemlich schnell
auf dem Kettenkarussell.
Immer rund und ganz schön flott
im vernetzten Lebenstrott.

Immer rund und ziemlich schnell
im Verkettungskarussell.
Immer rund und ganz schön flott
im verketteten Komplott.

Immer rund und ziemlich schnell
ausagieren den Lebensquell.
Immer rund und ganz schön flott,
dabei Cool-Sein und nicht Hot!

Immer rund und weiter schnell
schrumpft Dir auch das dickste Fell.
Immer mehr und ganz schön flott,
schnell verbraucht und ab zum Schrott!

„Immer schnell und immer schneller!"
ist der falsche Weichensteller!
Immer mehr und immer flotter
brennt ihn aus, den Lebensdotter!

Erwin Streiter, der knallharte Manager,
dieses Unglücks Wegbereiter
wird von bisher unbekannten
Selbstvorwürfen arg geplagt:
„Warum nur hab` ich es gewagt,
dieses anzuschalten, Mann,
was ich doch nun gar nicht mehr
rückgängig machen und anhalten kann!"

Während er sich selbst anklagt,
schaut er plötzlich im Geschehen
wie im Spiegel - gleichnishaft
sein verpfuschtes Leben stehen,
überblickt es nun im Ganzen:
Der Versuch, das Leben stets
selbstsüchtig nach eigenen Regeln
auszustanzen, ohne Rücksicht zu erweitern,
musste irgendwann wohl scheitern.

Er verzagt, sein Herz versagt,
und er versackt im Herzinfarkt,
der für ihn tödlich endet,
weil keine rechtzeitige Hilfe
sein Schicksal medizinisch wendet.

Mittlerweile hat sich die
Großwetterlage noch verschlimmert.
Ein Herbstgewitter, es bricht los!
Alle hocken – tiefbekümmert -
und durchnässt und durchgefroren
in dem luftigen Gestühl,
durchgeschüttelt und verloren
im gräulich-brodelnden Gewühl
von innerer Zerrissenheit
in äußerer Zerbrechlichkeit.

Der Direktor der Euro-Bank,
der Fresser und Säufer Gisbert Umrank,
muss sich auf einmal übergeben.
Er kotzt sich aus, kotzt um sein Leben.
Dabei löst er, ganz aus Versehen,
des Sitzes Sicherheitsverstrebung.

So ist es nun um ihn geschehen!
Beim nächsten Anfall
kotzender Belebung stürzt er,
dies mächtige Kaliber,
bei voller Fahrt aus seinem Sitz vornüber!

Was wohl sein Glück im Unglück ist,
in einem angrenzenden Garten
knallt er auf einen Haufen Mist,
muss dort verletzt auf Hilfe warten.
Die Schmerzen von so manchem Bruch
und auch der Misthaufengeruch,
sie lassen ihn in Ohnmacht fallen.

Durch diesen Absturz ganz verstört
und tief erschüttert und verwirrt
verliert die Baronin Frau von Rauch
ihre Kontenance,
sie strauchelt in Ohnmächtigkeit,
in schreckenüberdeckende,
da keine Hilfe weit und breit.

In allen Gliedern sitzt der Schreck,
der in ihn gefahren ist,
in ihn, den Landwirt van der List.
In Panik will er nur noch weg!
Den Versuch, sich zu befreien,
kann er nun nicht mehr bereuen.
Denn beim Erklimmen jener alten
Ketten, die die Sitze halten,
rutscht er ab in seiner Panik,
stürzt und bricht sich das Genick.

Ein kaum zu beschreibendes Grauen
nistet überall!
Die noch lebenden Wachen
schreien, weinen, schluchzen!
Sie verdauen ihn nicht mehr, den Anprall
selbsterzeugter Schicksalswende,
bangen um sich, um das Ende
dieser missratenen Himmelfahrt.

Der Stadtdirektor Friedrich Kungel
versinkt, als wäre er im Dschungel,
in einem tierischen Angstgebrüll.

Und das Kettenkarussell
dreht gnadenlos sich weiter schnell
Runde um Runde um Runde!

8. Lied: Das Karussell der Machbarkeit

1. Str.:   Das Karussell der Machbarkeit,
es dreht sich schnell, es treibt uns weit
herum im Kreis, herum im Kreis
und immer schneller gnadenlos
auf jedes Gleis, um jeden Preis!

Refr. I: Herum im Kreis, herum im Kreis!
Und immer schneller, immer schneller
auf jedem Gleis!
Herum im Kreis, herum im Kreis
und immer schneller, immer schneller
um jeden Preis!

2. Str.:   Es treibt uns weit und gnadenlos
aus jedem Gleis Lebendigkeit,
wenn wir nicht doch noch rechtzeitig
Kehr-um im Schweiße unsres Angesichtes
miteinander, miteinander leben!

Refr. I: *Herum im Kreis, herum im Kreis*
und immer schneller, immer schneller
auf jedem Gleis!
Herum im Kreis, herum im Kreis
und immer schneller, immer schneller
um jeden Preis!

3. Str.: *Woll`n wir nicht doch noch rechtzeitig*
Kehr-um im Schweiße unseres
Angesichtes miteinander leben -
und das nur, was verantwortbar
für alle gemeinschaftlich erstreben!

Refr.II: *Kehr-um im Kreis, kehr-um im Kreis!*
Dreh` Dich nicht schneller, immer schneller!
Du endest sonst im Schnell-Verschleiß!
Kehr-um im Kreis, kehr-um im Kreis!
Dreh` Dich nicht schneller, immer schneller:
Um jeden Preis, auf jedem Gleis!

Die Gärtnereien-Besitzerin,
jene Frau Hanna Schrunde,
die nur durch Not gebunden
an diese auserwählte Runde,
vom Gewissen arg geschunden,
gerät in eine abgrundtiefe Krise.

Das unheimliche Geschehen
lässt auch sie - gleichnishaft -
in den Krisen-Spiegel sehen:
Dabei muss sie nun alle Kraft,
die sie noch hat, zusammenziehen,
um die Gewissenshöllenfahrt,
die sie durchmacht, zu bestehen.

Was hat sie alles mitgemacht
wider besseres Wissen!
Die Lockungen der Wohlstandspracht
haben auch sie mitgerissen

in den Strudel der Betörung
durch den Wohlstands-Wucher-Wahn,
der nur überleben kann
in der Mitwelt-Zerstörung.

Und sie wollte doch als Kind schon
Widerstand dagegen leisten,
wollte nicht so, wie die meisten,
leben nur für größeren Lohn:
Um noch mehr zu besitzen
und um stärker abzustützen
jene kranke Lebensart,
die nur zerstört anstatt zu schützen,
die enden wird mit einer Fahrt
in den absehbaren Abgrund.

Während ihr Schicksal diese Nacht,
eisig einsam sie einkreisend,
mit ihr seine Runden macht,
starrt sie in den Höllenschlund
der Verkettung allen Unheils.
Und sie gewahrt, dass eine Rettung
uns allen nur noch blühen kann:

Falls wir nicht mehr jenes schalten,
was nicht mehr zu halten ist.
Falls wir nicht mehr anschalten,
was wir nicht mehr anzuhalten
in der Lage sind.

9. Kanon: Kybernetischer Imperativ

Was wir nicht in der Lage sind

anzuhalten jederzeit,

das sollten wir, nach allem Leid,

um keinen Preis mehr anschalten!

Am Nullpunkt der Gewissensqual
bleibt ihr keine andere Wahl:
Sie muss sich den Fragen stellen,
den verdrängten, unbequemen,
den zentralen Lebensthemen,
die da unerbittlich quellen
und auf ihre Antwort warten:

In was hinein ist sie geraten
mit ihren faulen Kompromissen,
mit ihrem falschen Lebensstil
in Resonanz zum Viel-zu-Viel
wider ihr besseres Gewissen.

Und sie bereut, weint bitterlich,
schluchzt sich die Seele aus dem Leid.
In Tränenbuße schüttelt sich ihr Wesen frei,
ihre Würde, ihre Unantastbarkeit.

Und plötzlich geht ein jäher Ruck
durch sie ganz tief von Innen,
nimmt ihr den Druck, den grausigen,
zerreißt ihr altes Sinnen
und Trachten nach dem Mehr-und-Mehr.

Es steigen innere Bilder auf
aus der Mitte ihrer Psyche.
Sie schaut das Bild vom Menschen-Mensch,
der vor ihr steht in Plusgestalt,
aufgerichtet, die Arme ausgebreitet
zum heilenden Empfange.
Ein Leuchten von Vergebung
strahlt von ihm aus und zu ihr hin
und lässt sie jäh eintauchen
ins schwere Wasser des Erbarmens.

Getaucht, getauft, durchdrungen
von einer unbeschreiblichen
aufrichtenden Barmherzigkeit,
gewahrt sie - tief ergriffen
die zärtliche Verbundenheit
zur ganzen Schöpfungswirklichkeit.

10. Lied: Wem willst Du Dich anvertrauen?

Refr.:   *Nebel-Lichter! Nebel-Dichter!*
             Wem willst Du Dich anvertrau`n? (2 x)

Str. A: *Nebel-Dichter schenkt Dir bunte Nebel,*
             kannst damit Paläste bau`n,
             kannst Dich schmücken
             und wirst andere Vernebelte entzücken.

Str. B: *Nebel-Lichter fordert von Dir bunte Nebel ein.*
             Raubt Dein Wohnen Dir im Dunste,
             lichtet allen faden Schein.
             Und entsorgt Dich Nebelnächten,
             will Dein LEBEN Dir erfechten,
             will ohn` Wenn und Aber
             Dein Belichtet-Sein.
             Und nun wähle, und nun wähle:
             Welche Richtung schlägst Du ein?.

Und mit ganz neuen Sinnen,
gereinigt vom ich-haften Knick,
schaut Hanna die Welt im Umkehr-Blick,
beschließt, endgültig zu entrinnen
der selbstzerstörerischen Bahn,
entscheidet sich, neu zu beginnen:

Ohne den Wohlstandswucherwahn
zu leben in der Verbundenheit,
in der erwachten Achtsamkeit mit allem,
was da lebt und strebt
auch gegen jeden Zahn der Zeit.

In nie gekannter Seligkeit
schläft sie auf ihrem Hochsitz ein,
dem immer weiter kreisenden,
bis sie ein Schausteller befreit,
der über's Kirmesplatzgelände
am Morgen seinen Hund ausführt.

Ein Krankenwagen bringt die Wende
für alle die, in denen sich noch Leben rührt.

11. Instrumental:
Wem willst Du Dich anvertrauen (dazu gesprochen:)

„Der Chef der neuen Euro-Bank,
der Direktor Gisbert Umrank,
konnte noch gerettet werden.
Lange lag er krank darnieder!
Doch nach manchen Therapien
wurde er der alte wieder!

Keine Spur von Umdenken,
trotz der widrigen Erfahrung!
Keine Anzeichen, umzulenken
in Richtung auf Lebensbewahrung!
Wann wird ihm das Schicksal wohl
die nächste Umkehr-Chance schenken?"

12. Lied: Transformation

Refr.: *Bevor es zu spät ist,*
wandle Dich, wandle Dich! (2 x)

1. Str.: *Ein Leben lang verbarg er sich*
in Nichtig-Wichtigkeiten.
Ein Leben lang verdarb er sich
die ihm geschenkten Zeiten.
Ein Leben lang versucht er sich
in selbstverdrehtem Lebensplan.
Ein Leben lang verbucht er sich
und merkt nicht seinen Größenwahn.
Ein Leben lang beendet sich
schon bald, die Zeit wird karg.
Darum, oh Mensch, beeile Dich,
wird` still, gewahre, was Dich barg.

2. Str.:   Gewahre, was Dich, unerkannt
und ungenannt, mit Leben speist
und Dich noch lichten wird,
wenn Dich der Tod zerreißt.
Darum besinne Dich und weite
die Tore selbstgewählter Haft.
Und lass Dich zieh`n, bereite
Dich vor auf neue Wanderschaft:
In ungeahnte Lichtgefilde,
wo Du verwandelt wirst,
in denen Du mit sanfter Milde
gekleidet wirst als Lebensfürst.

3. Str.:   Du wirst dann lange weinen müssen,
weil Du so vielem nachgerannt.
In Tränenbuße wird sich lösen,
was Du zu lange nicht erkannt.
Doch nach der Qual im Trauertal
wirst Du den Gipfel finden,
und dort an seinem Traualtar
wirst Du vereinigt Dich entbinden.

Der Verstorbene Erwin Streiter,
der Unfalltote van der List,
sie werden feierlich beerdigt,
jenseits von allem Parteienzwist,
unter breiter Beteiligung
eines Großteils der Bevölkerung.

Friedrich Kungel, der Stadtdirektor,
muss nun erst einmal in Kur,
weil ein Trauma an ihm nagt
und ihn so manche
psychosomatische Beschwerde plagt.

Auch die Baronin Frau von Rauch
wird von Ängsten oft gejagt,
ist seelisch irritiert wie nie,
begibt sich in die kostspieligste Psychotherapie.

Außerdem verklagen beide
den Ketten-Karussell-Betreiber
zu dessen eigenem großen Leide
auf ein enormes Schmerzensgeld,

da der ja wohl - zu aller Verdruss -
den Starkstrom für das Karussell
nicht ordnungsgemäß abgestellt
nach dem betriebsinternen Schluss.

Trotz manch berechtigtem Erhoffen
auf beiden Seiten der Partie,
ist des Prozesses Ausgang
noch unklar und noch völlig offen!

13. Instrumental

Zum Schluss ein Wort zu Hanna Schrunde,
der Gärtnerein-Besitzerin.

Es leitet sie die Umkehrwunde heraus
aus ihrer selbstzerspaltenen Lebenskrisenlage.
Sie stärkt der neue Umkehrblick:
Für sie beginnen andere Tage!

Für sie gibt es nun kein Zurück
zu altem Sinnen, altem Trachten,
zur wohlstandswucherwahn-verkrachten Existenz.

Sie will nur noch achtsamer leben
in offener Präsenz:
Im Präsent-Sein anderen ein Präsent-Sein!

Täglich liest sie dazu schlichte
ihr Bewusstsein schärfende Gedichte:

Präsent-sein

Ist die Welt mir präsent,
ist sie mir wie ein Präsent,
auch in ihren dunklen Seiten,
wenn sie mich zum Menschen-Mensch weiten
und ausweisen aus den Reihen
ausgelebter Affigkeit,
mich geleiten, mich einweisen
in die Weihen auflebender Menschlichkeit.

Gegenwärtig leben

Gegenwärtig leben!
Es gilt jederzeit!
Weder an der Zukunft kleben,
noch an der Vergangenheit.

Denn wenn beide sich dem Jetztseits
nicht vererben,
werden sie, sich selbst verhaftend,
jenes Leben nur verderben.

Doch wenn sie dem Jetztseits
dienend sich verdingen,
werden sie die Gegenwart
leuchtender zur Blüte bringen.

Hanna Schrunde verkauft die Gärtnereien
bis auf eine kleine,
die sie finanziell allein
noch erhalten kann,
ohne sich erneut zu binden
an den fragwürdigen Clan
herrschender Verfilzung.

Die Zeit der Kungelei
ist für sie vorbei!
Sie verlässt die alleine
herrschende Partei.

Von jetzt an sucht sie den Kontakt
zu vielen mitweltschonenden
sozialen und politischen Aktionen.

Sie schließt den Freundschaftspakt
mit Menschen, die in Aufklarung
klarsichtig, fähig und willens sind,
sich immer weiter zu wagen,
zur gewaltfreien Bewahrung
der Mitwelt beizutragen
in jedem Lebensakt,
zu jedem Überlebenstakt,
und die trotz all` der Schwierigkeiten,
die solche Einsätze bereiten,
sich fröhlich weiter plagen,
ohne selber zu verzagen.

14. Lied: Wer verzagt, der versagt

Refr.:   *Wer verzagt, der versagt! (2 x)*

1. Str.:   *Wer verzagt, der versagt,*
auch in guten Tagen.
Und nur alles anzuklagen,
wird ihn auch nicht weitertragen
durch so manche Lebensplagen.

2. Str.:   *Vielmehr sollte er sich sagen:*
Ich will mich in trüben Lagen
trotzdem mit mir weiterwagen,
auch wenn an mir jene kargen
Nöte unannehmlich nagen.

3. Str.: *Ich will meine Angst verjagen,*
im Vertrauen Wurzeln schlagen.
Mein Mich-Selber-Überragen
soll als Gegengift anschlagen
gegen mögliches Verzagen.

Hanna strickt nun mit am Netzwerk
für globales Überleben,
stellt sich mutig der Problemberg-
Bewältigung in ihrem Streben.

Vor allem engagiert sie sich,
konzentriert und intensiv,
für den selbst erlittenen,
und doch noch umstrittenen,
kybernetischen Imperativ:

„Was wir nicht in der Lage sind,

anzuhalten jederzeit,

das sollten wir - nach allem Leid -

um keinen Preis mehr anschalten!"

Oder auf Dich selbst bezogen:

"Riskiere nicht, es anzuschalten,

wenn Du nicht in der Lage bist,

es jederzeit auch wieder anzuhalten!"

Und gönnt sich doch - bei ihrer Arbeit,
bei all' dem sinnvollen Sich-Schinden,
die förderlich - erforderliche Zeit,
sich besinnend einzufinden
in jener schlichten Weisheit,
die sich in folgendem Gedicht ausspricht:

Anbiete Dir doch eine Zeit

*Anbiete Dir doch eine Zeit
im Jetzt und Hier,
in der Du Dich,
ganz innerlich,
im Neben-Dir
ein - bet - test
zum Lauschen,
zum Gewahren,
bis es Dich fasst
in Deiner Hast,
und sie Dir birst,
Du neu gebettet wirst
in größerer Anwesenheit.*

Sie gleitet hin - nach allem Tun -
in jenes überwache Ruh`n
der vertieften Meditationen,
gewinnt dort Einsicht
und auch Kraft
für notwendende Aktionen.

Und wenn sie einst gestorben ist,
so lebt sie doch noch eine Frist
in unserer Geschichte fort
im Kreise der Beteiligten,
solang, bis der Geschichtenhort
sich ihrer auch entledigt,
ganz einfach durch Vergessen
auch ihre Spuren schädigt,
sie immer mehr verwischt,
bis die Geschichte dann erlischt.

15. Lied: Umkehrweichen

*Schon erreichen uns die Zeichen
einer strengen Wandlungskur.
Wir entwinden uns den Sünden
unsrer Wucher-Wahn-Kultur:*

Der Verrohung und Bedrohung
auf maßloser Kahlfraß-Tour.

Wenn die Zeichen uns jetzt erreichen
Und die Umkehr, sie kommt pur,
werden wir uns wohl umwenden
und der Planet wird nie verenden
in einer selbstgewählten Untergangstortur!

Nekrolog:

Doch frisch gestrichen trocknet schnell
DENN:
Wenn Du wirklich leben willst,
DANN:
wirst Du immer wieder neu
und hier und jetzt
das Leben buchstabieren lernen
im wohlbekannten Alphabet
als wär`s das erste Mal.

DOCH:
Frischgestrichen trocknet schnell!
DRUM:
wirst Du immer wieder neu
und hier und jetzt
das Leben buchstabieren lernen
im wohlbekannten Alphabet
als wär`s das erste Mal.

DOCH:
Frischgestrichen trocknet schnell!
DRUM:
wirst Du immer wieder neu ....

16. Nachspiel: Instrumental

In Allen Farben Singen

Music-Textival

Vorspruch:

Die
halbe Wahrheit
ist immerhin die halbe Wahrheit!

Wenn sie jedoch als Ganze
sich gebärdet,
ist sie
als
Wahrheit
ganz schön
gefährdet!

Lasse Los

1. *Vorspiel (Instrumental)*

Prolog: *** <u>Un-
verstellte
Lebensfreude</u>***

*** Für Euch muss
sich das ganze Licht,
wollt` Ihr es akzeptieren
in Eurer eingesengten Sicht,
als Blau - Licht präsentieren.***

***Dem vollen Licht, dem wollt Ihr
nicht die Anerkennung zollen. Da
hilft ihm auch kein Strafgericht,
kein Zetern und kein Grollen!***

***Nur wenn es ihm gelingen wird,
die Abblend-Filter Euch zu rauben,
so könnt` Ihr endlich Euch erlauben,***

***befreit und nicht mehr angeschirrt,
Euch unverstellt zu laben an
allen Spektrumsfarben.***

2. *<u>Instrumental</u>*

In einem seltsamen Traum
tauch` ich ein in einen Raum,
den ich bisher noch nicht betreten.

Ich find` mich vor im Universum
spektralfarbiger Lichtplaneten.
Die Farben leben ungeschieden
im ursprünglichen Schöpfungsfrieden.

Doch dieser währt nicht lange!
Die reinen Farben Rot, Gelb, Blau,
sie bilden sich ein, sie seien im Range
viel höher als die anderen,
die nur gemischten Farben.

Sie schließen sich zusammen
in einen Bund der reinrassigen
ungetrübten Ober-Farben.
Nach kurzer Zeit entsteht ein Streit!
Gelb grenzt sich ab und geht so weit,
sich als die reinste Oberfarbe
im Farbspektrum zu preisen:
Es könne als die gelbe Farbe
die größte Nähe aufweisen
zum ganzen weißen Licht!

Rot und Blau sind schockiert,
weil Gelb so ihren Bund blockiert,
den Bund gemeinsamer Erwählung!
Sie kämpfen nun um den Erhalt
des Bundes; doch Gelb bleibt hart,
es gibt nicht nach, kommt nur noch
mehr in Fahrt. Der Bund zerbricht
in seiner jetzigen Gestalt.

In seinen Allmachtsfantasien
steigert Gelb sich mit Elan
in einen Absolutheitswahn!
Dienen sollen auf den Knieen
die anderen Farben weit und breit
der einzig wahren Farbe Gelb
in ihrer lichten Herrlichkeit.
Gelb zwingt mit herrischer Gewalt
die Nachbarfarben Orange und Grün
in einen Kriegsverbund, um bald
mit ihnen gegen die anderen Farben
zu Felde in den Kampf zu zieh`n.

Rot und Blau verbünden sich
mit ihrem Nachbarn Violett,
und gemeinsam schinden sie sich
in einem Kampf von A bis Z.
Nur Braun hält still, bleibt ganz neutral,
entgeht der kriegerischen Qual.

Trotz vieler großer Schlachten
gelingt es keiner Seite,
die anderen zu entmachten.

Sie bieten Waffenstillstand an!
Was kommt, das ist der Kalte Krieg,
der sich ganz schnell erhitzen kann
bis hin zum endgültigen Sieg.

Mittlerweile stiftet Braun
heimlich einen neuen Bund.
Die Mischfarben im ganzen Rund
sollen sich ihm anvertrau`n.
Lila, Braun, Orange und Grün
soll`n am gleichen Strange zieh`n,
soll`n sich gegenseitig führen,
weil die reinen Farben sich
von ihnen ziemlich überheblich
abgrenzen, sie deklassieren.

Durch die Union der Mischfarben
brechen neue Fronten auf.
Der Krieg nimmt wieder seinen Lauf!
Und alle müssen in ihm darben!

3. *Der Krieg nimmt immer seinen Lauf*

Refr: *Der Krieg nimmt immer seinen Lauf*
im Großen wie im Kleinen!
Den Krieg hält man nur gemeinsam auf,
da hilft kein Jammern, hilft kein Weinen!
Der Krieg nimmt immer seinen Lauf
im Großen wie im Kleinen!
Den Krieg hält man nur für immer auf,
wenn alle sich vereinen!

1. *Der Krieg nimmt immer seinen Lauf*
im Großen wie im Kleinen!
Im Krieg, da gehen viele drauf,
der Krieg verschont kaum einen!
Ist er erst einmal ausgebrochen,
strömt Grauen aus den Abgründen!
Das Unheil kommt herausgekrochen
und will Vernichtendes entbinden!

2. *Der Krieg nimmt immer seinen Lauf*
   im Großen wie im Kleinen!
   Der Krieg zerstört, der Krieg reibt auf,
   auch die, die von ihm meinen,
   mit ihm so Manches zu gewinnen!
   In ihrem Kriegsgewinnler-Sein
   holt doch ihr eigenes Zerrinnen
   auch diese Kriegsgewinnler ein.

3. *Den Krieg sollten wir abschaffen*
   im Großen wie im Kleinen!
   Und auch die Produktion von Waffen!
   Wir sollten uns nun darin einen,
   den Krieg mit seinen Schreckensplagen
   zu ächten jetzt und allezeit!
   Dem Frieden endlich nachzujagen,
   wer ist dazu jetzt schon bereit?!

Und auch der neue Bund zerbricht:
Die Farbe Braun, sie sieht sich nicht
als Gleiche unter Gleichen.
Braun will der Führer sein!

Die anderen soll`n ihm weichen
und seinen Führungsanspruch achten!
Braun will die Mischfarben entmachten,
weil es sich als der Größte dünkt,
da in ihm die drei reinen Farben
Rot, Gelb und Blau
auf `s innigste vermengt.

Die anderen setzen sich zur Wehr!
Es kommt zu einer großen Abkehr
von jeder Form, sich zu verbünden.
Auch Rot und Blau verfeinden sich!
Der Krieg geht weiter, doch nun schinden
sich alle Farben gegenseitig.

Wenn eine Farbe eingedrungen
ins Reich der anderen Farbe,
schlägt sie nach den Eroberungen
der anderen ein schlimme Narbe:

Durch farbliche Entmischungen
und mörderische Säuberungen!

Fast jede Farbe erkrankt am Wahn,
die Einzigartigste zu sein
im kosmischen Farben-Schöpfungsplan
als jener höchste Widerschein
des universalen Lichtes!

4. *__Kanon: Wehe Euch!__*

Wehe Euch, Ihr verfallt dem Wahn,
die Einzigartigsten zu sein
im kosmischen Welten-Schöpfungsplan
als der höchste Widerschein
des Lichtes, des universalen!
Wehe Euch, es bringt euch Qualen!

Nach Jahren regt sich Widerstand
bei so manchen Einsichtigen
überall in jedem Farbenland.
Aus einer Anti-Farb-Wahn-Regung
entwickelt sich bald eine neue
aufklärende Bewegung.

Es ist die **Grau-in-Grau-Bewegung**,
die jeden Farbenwahn verachtet,
die alle Farbigkeit entmachtet
mit neuem Glauben, neuer Prägung,
und die nach den Strukturen sucht,
all` die Schattierungen verbucht,
die in den Grau-in-Grau-Tönen
ganz kräftig grau-in-grau durchtönen.

Nach all` den Jahren Farbenkrieg,
dem unentschied`nen fällt der Sieg
der Grau-in-Grau-Bewegung zu.
Sie kämpft, klärt auf und gibt nicht Ruh`,
bis sie die Oberhand gewinnt,
bis aller Widerstand zerrinnt

gegen eine Konferenz
für Frieden und für Wahrheit.

Sie kämpft darum mit Vehemenz,
um diese Gipfel-Konferenz
für Frieden und für Wahrheit!
Die Konferenz, sie findet statt:
Und alle Farben, sie erscheinen!

Sie diskutier`n, streiten sich matt
und können sich partout nicht einen
bei jener Frage nach der Wahrheit,
nach der All-Einen-Wahrheit,
die ihnen jetzt in ihrem Streit
fast alle Seelenruhe raubt,
die Wahrheit, von der jeder glaubt,
sie allein nur zu besitzen.

Die Grau-in-Grau-Vertreter schwitzen
so manche Stunde vor Besorgnis,
das Gipfeltreffen könnte platzen.
Ohne einen Kompromiss
könnten manche es verpatzen:
Und es wäre nichts gewonnen,
alle Hoffnungen zerronnen
auf globalen Farben-Frieden,
alle Suche nach der Wahrheit
weiterhin verdrängt, vermieden!

Ein besonders engagierter
Grau-in-Grau-Vertreter,
der um Farben-Frieden ringt
und um die All-Eine-Wahrheit,
hat nach einem langen, kaum
ergebnishaften Tagesstreit
einen wegweisenden Traum.

Er ist von ihm so stark berührt,
dass er weiß, dem Traum gebührt
öffentliches Weitersagen,
um seine Botschaft hin zu tragen
in jeden Winkel der Farbenwelt.

Der Traum als Wahrheitsschlüssel hält
wohl einen Lösungszugang offen,
und deshalb kann man wirklich hoffen,
dass die, die seine Botschaft hören,
nun allen Unfrieden zerstören
und eine neue Ebene finden,
sich in der Wahrheit zu verbinden
im ursprungshaften Farben-Frieden.

5. *Träume sind besondere Schäume*

Refr.A: Träume sind nicht immer Schäume!
Jetzt und hier eröffnen sie Dir
unbekannte neue Räume.
Hat dein Leben sich verfahren
offenbaren Träume manchmal
Lösungen im Unlösbaren.

1. *In des Lebens Wirrungen,*
selbstverkeilt als Konkurrent,
verlacht der Traum Dir vehement
Deine Selbstverirrungen.
In des Lebens Wirrungen,
verknäuelt in Hass und Sympathien,
hilft der Traum mit Strategien
der Abwehr von Verirrungen.

Refr.A: Träume sind nicht immer Schäume ...

2. *In des Lebens Wirrungen,*
mitten in den Turbulenzen,
mahnt der Traum zu Konsequenzen,
zum Auszug aus den Irrungen.
In des Lebens Wirrungen,
im Gestrüpp von Neid und Gier,
weist der Traum auch häufig Dir
Wege aus Verirrungen.

Refr.A: Träume sind nicht immer Schäume ...

*3. In des Lebens Wirrungen,
auf der Suche nach dem Heilen,
lässt Dich der Traum geheilt verweilen
diesseits aller Irrungen.
In des Lebens Wirrungen,
in manch` zerbroch`ner Lebensart,
führt Dich der Traum aus Irrungen
zum Ursprung in der Gegenwart.*

<u>Refr.B</u>: *Träume sind besondere Schäume!
Jetzt und hier eröffnen sie Dir
hilfreich die zentralen Räume.
Hast Dein Leben Du verfahren,
offenbaren Träume manchmal
Lösungen im Unlösbaren.*

Am nächsten Tag nun bittet er
die Konferenz um das Gehör,
berichtet, wenn auch noch beklommen,
was er im Traume wahrgenommen:

„Mir träumte von der Konferenz
und wie bei ihr gerungen wird,
von einseitiger Vehemenz,
mit der hier eingedrungen wird
in unsere großen Streitfragen,
ohne sich wirklich weiter zu wagen
über den Rand der je eigenen Bastion;
und wie die Interpretation
der Wahrheit sich vollzieht bei allen
mit überhöhtem Selbstgefallen.

Wieder ging ein Tag zu Ende,
da geschah im Gipfel-Saal
nach allem Streit, nach aller Qual,
eine not-lösende Wende.

Nachdem die Teilnehmer gegangen,
erschienen ihre Farbenkinder
im Saal, sie tobten, spielten Fangen,
vergnügten sich als Neu-Erfinder
immer wieder anderer Spiele,
an denen sich gar viele Kinder
begeistert mitbeteiligten.

Und dann geschah das Seltsame,
was ich Euch hier berichten will:
An allen Plätzen der Farbenvertreter
entdeckten die Kinder Abblendfilter.
Zuerst mal sahen sie sich still
und neugierig scheu die Filter an.

Dann überlegten sie, wie man
mit diesen Dingern spielen kann.
Sie fassten sie an, ganz ungezwungen,
sie zogen daran, und siehe da,
die Abblendfilter, sie lösten sich,
leicht und gelungen,
aus ihren Filter-Halterungen.

Nun konnten die Kinder zu ihrem Vergnügen
auch Filter-Spiele neu erfinden
und diese genießen in vollen Zügen.

6. *Ihr sollt werden wie die Kinder*

Refr.: *Ihr sollt werden wie die Kinder:*
Frohgemut und kindlich offen!
Ihr sollt werden wie die Kinder:
Neugierig und stets betroffen!
Werden wir wohl wie die Kinder,
ist für die Zukunft noch zu hoffen!

1. *Ihr sollt werden wie die Kinder,*
nicht kindisch, sondern kindlich offen,
so neugierig wie Spurenfinder
von Spuren, die noch Grund zum Hoffen
uns geben im verstellten Leben,
das wir so gerne uns erstreben.

2. *Ihr sollt werden wie die Kinder,*
nicht vorlaut, sondern mitteilsamer
und auch begeisterte Erfinder
von neuen Spielen, die heilsamer
uns in das Leben integrieren
und zueinander uns hinführen.

3. *Ihr sollt werden wie die Kinder,*
nicht schwach sondern erbarmungsstark,
spontane Sympathie-Entzünder,
dort, wo die Herzlichkeit nur karg
und mühsam sich behaupten kann:
Da bricht nur Kindlichkeit den Bann!

Als nun am nächsten Verhandlungstage
die Konferenz zusammenkam,
entstand gleich eine wirre Lage:

Da alle Farben-Abblendfilter
verschwunden waren weit und breit,
erstrahlte jeder Farb-Vertreter
in aller Farbenprächtigkeit!
So zahlte jeder Farb-Vertreter
den hohen Preis der Filter-Freiheit!
Die Einzelfarben fanden sich
nicht mehr mit sich identisch.
Es war schon ungeheuerlich!

Denn alle Farben entdeckten sich
in allen anderen wieder.
Als eine unter anderen,
so fanden sie sich vor!
Und jede war wohl-integriert
in einen Farbenchor.

Nach der Generalverwirrung
machte sich Erstaunen breit
und ein Ahnen ließ die Irrung
spür`n, die ihnen soviel Leid
erzeugte in der Vergangenheit.

Und jeder im Saal verstand die Qual
und die Entfremdung, die entsteht,
wenn alle Farben nur die Wahl
treffen, sich voneinander stahl-
hart und unnachgiebig abzugrenzen.

Und auch der allerletzte im Saal,
er sah es ein - mit einem Mal -
dass jede Farbe, bei allem Streit,
allein die all-eine Wahrheit nicht weit
genug erfassen könne:

Die Wahrheit von dem ganzen Licht,
sie hat ein solches Schwergewicht,
dass nur im Spektrum, nur im Bunten
sie aufscheint, durchtönt und gefunden
wird im Vielklang aller Farben
ganz ohne verzerrte Zugaben.

7. *Die Wahrheit von dem ganzen Licht-Kanon*

Die Wahrheit von dem ganzen Licht,
sie hat ein solches Schwergewicht,
dass nur im Spektrum, nur im Bunten
sie aufscheint, durchtönt und gefunden
wird im Vielklang aller Farben
ganz ohne verzerrte Zugaben.

Ein ganz besonders Einsichtiger,
er kam auf folgende Idee:
Die Gipfel-Konferenz sei Schnee
von gestern, heute nun getaut!

Es sei nun viel, viel wichtiger,
jetzt eine **Zipfel-Konferenz**
einzuberufen, die auferbaut
bei aller Farben-Differenz.
Es sei nun doch wohl klar geworden,
dass jede Farbe einen Zipfel
der Wahrheit nur erschauen kann,
nicht aber ihren ganzen Gipfel!
Es müssten sich die Farben-Zipfel
in dieser Einsicht aufklaren!

Dann müssten sie den Wahrheitsgipfel
im ganzen Weltenrund umscharen,
um so die ganze Wahrheit endlich
in ihrer vollen Größe
und Weite zu gewahren.

Gesagt, getan! Die Konferenz
für Wahrheit und für Frieden,
sie löste sich auf und fing neu an
als eine Zipfel-Konferenz
<u>der</u> Wahrheit und <u>des</u> Friedens,
um alle Differenzen
und alle Konvergenzen
zu sichten, auf zu lichten,
deutlicher zu gewahren,
gemeinsam auf zu klaren.

Am Ende schauten alle
in friedlicher Ergriffenheit
den Ausgang aus der Wahrheitsfalle,
aus störender Vergangenheit.
Die Wahrheitszipfel gipfelten
gemeinsam in der Einen-Wahrheit,
die farbig-bunt und vielgestaltig
im ganzen Spektrum urgewaltig
sich allen offenbarte.

Sie fanden heim zum Ursprung,
zum Frieden, zur Erhaltung
der ganzen Farben-Schöpfung
und auch zu jenem Ur-Schwung
in eine neue Lebensart,
die achtsam ist und liebevoll
in jeder Gegenwart."

8. *Ausgang aus der Wahrheitsfalle*

Refr.: *Ausgang aus der Wahrheitsfalle,*
aus schützender Verbogenheit.
Die Wahrheitszipfel gipfeln
alle in der EINEN - WAHRHEIT.
Die Wahrheitszipfel gipfeln
alle in der EINEN - WAHRHEIT,
die vielgestaltig bunt und weit
durchscheint in allen Wahrheitszipfeln.

1. *Erwacht erschau`n wir alle*
in friedlicher Ergriffenheit
den Ausgang aus der Wahrheitsfalle,
aus störender Vergangenheit.
Die Wahrheitszipfel gipfeln
gemeinsam in der EINEN - WAHRHEIT,
die farbig bunt in ihrer Art
sich allen offenbart.

2. *Wir finden heim zum Ursprung,*
zum Frieden, zur Gerechtigkeit
Zum Frieden, zur Erhaltung
der antastbaren Schöpfung
und auch zu jenem Ur-Schwung
in eine neue Lebens-ART,
die achtsam ist und liebevoll
in jeder Gegenwart.

„Soweit nun ging mein Träumen,"
So spricht der Grau-in-Grau-Vertreter.
„Vielleicht kann dieser Traum
uns helfen, Sperren wegzuräumen
in unserem Farbenraum.
Für neue Solidarität
bei unserer Suche nach der Wahrheit,
und nach stabilem Farbenfrieden
ist es wohl jetzt noch nicht zu spät."

Bevor er weiter reden kann,
um für die Traumlösung zu werben,
bricht ein Tumult los, es entbrennt
jetzt eine Redeschlacht mit herben
und wüsten Schimpf- und Brüll-Attacken,
ja mit dem Ruf nach Zwangsjacken
für die, die das Gehörte loben.

Die Redeschlacht, sie währt sehr lange!
So manch` einem Besonnenen
wird es sehr mulmig, wird es bange
um den Erfolg der Konferenz.
Des Grau-in-Grau-Vertreters Traum
hat eine neue Front geschaffen
im planetaren Farbenraum.

Die Einen sind ganz strikt dagegen!
Sie wollen für sich weiter raffen!
Sie halten nichts von neuen Wegen,
die ihren selbstsüchtigen Anspruch
zu Gunsten aller anderen straffen
und ihn nur gelten lassen
als einen eingeschränkten.
Die Anderen sind nun für den Bruch
der selbstgerechten, eingeengten,
nur Krieg und Leid stiftenden Sichten.

Weil sie die Wahrheit höher schätzen,
wollen sie sich neu verpflichten,
des Traumes Lösung umzusetzen,
des Traumes Zipfel-Konferenz

in ihrem Leben einzurichten
und zwar mit aller Konsequenz
von Toleranz und Akzeptanz
und gegen jede Ignoranz
mit überall und weit und breit
gelebter fairer Farbigkeit.

Noch ist das Ringen nicht entschieden!
Noch gibt es keinen Farbenfrieden,
der aus der Wahrheit blühen kann!
Die Konferenz, sie scheiterte,
weil sie sich nicht erweiterte,
nicht neue Lösungen ersann!

Doch ist die Farben-Zukunft offen,
und es ist wirklich noch zu hoffen,
dass sich die Farben durchringen
zu einer Zipfel-Konferenz,
die ihnen jene Frucht erbringen
wird bei aller Farbendifferenz:

Den Zugang zu der Einen-Wahrheit,
in der sie dann für alle Zeit
in Frieden weiterleben können.
Es wäre ihnen ja zu gönnen!

9. *Verpflichtung*

Weil wir die Wahrheit höher schätzen,
woll`n wir uns neu verpflichten,
des Traumes Lösung umzusetzen,
des Traumes Zipfel-Konferenz
in unserem Leben aufzurichten,
und zwar mit aller Konsequenz
von Toleranz und Akzeptanz
und gegen alle Ignoranz
mit überall und weit und breit
gelebter fairer Farbigkeit.

Farbengleichnis

Das Rote - rötelnd - schaut sich selber nicht!
Und es gewahrt das And`re nur
in rötelnder Verwandlung.

Und glaubt, dies sei die Welt:
Gelb wird Orange und Blau zu Violett,
und Grün, ihr Gegenpart, erscheint verdunkelt Braun!

So komponiert das Rote sich die eigene Welt
und hält sie - ungewusst - für die All-Einzige.

Erst wenn das Rote sein Röteln stillt
und vortritt in das EINE - LICHT,
wird es sich seiner selbst gewahr
und schaut den lebenslangen,
doch konstruktiven Irrtum,
der seinem Röteln
das Überleben
gab.

Und nun,
im EINEN-LICHT,
gewahrt es jetzt die
Partituren vieler Welten,
die blüten - blätter - gleich
die EINE - GEGENWART
im Kanon ihrer Gleichnisse
farblich getönt besingen.

10.   *Wenn ..., dann ... (Lied)*

*Wenn da eine Flöte ist
und ein lichter Wind sie küsst,
gewahrt die Flöte diesen schon,
doch nur als einen Flötenton.*

*Wenn da eine Harfe ist
und ein lichter Wind sie küsst,
und er streicht an ihr entlang,
gewahrt sie ihn als Harfenklang.*

*Wenn da ein rundes Fenster ist
und ein lichter Wind es küsst,
das bunte Fensterchen im Erker,
gewahrt es ihn als Farbverstärker.*

*Wenn da ein weites Segel ist
und ein lichter Wind es küsst,
der es mit seinem Wehen strafft,
gewahrt es ihn als Antriebskraft.*

*Für den genannten lichten Wind
sind Flöte, Harfe, Segel blind,
taub ist das bunte Glas am Erker.*

*Sie wesen in dem, was sie sind,
in ihrem ureigenen Kerker.
Und sie erkennen im lichten Wind
nur jenes: Wie sie selber sind!*

Meinungsstreit

Die Farbe
Gelb, die findest Du
in Orange und in Grün.
Welchen Schluss lässt das nun
zu, welchen willst Du zieh`n?

Betonst Du die Gemeinsamkeit,
die Du im Gelben vorgefunden,
oder jenen Gegenstreit,
in dem
die Einheit
unterbunden durch
die Farben Rot und Blau.

Was betonst Du nun genau?
Oder lässt Du beides gelten,
was sich in den Farben-Welten
zeigt: Ihr Kreuz- und Plusgestalt!

11. Nachspiel (Instrumental)

Vom Lichte aller Heilsamkeit

Für
meine
farbige Präsenz
wünsch` ich mir Ursprungstransparenz
von dem umfassenderen Licht,
das sich in allen Farben bricht,
sie gleichzeitig durchlichtet,
und so in aller Farbigkeit,
im anwesenden Farbenkleid,
vom Ursprung sanft berichtet
vom Ursprung jetztseits aller Farben
und aller Farb - Gebrochenheit,
vom Ursprung jetztseits aller Narben,
vom Lichte aller Heilsamkeit.

Erwachen und Gewahren

Nach dem Erwachen aus dem Traum
such` ich die Botschaft zu verstehen
Ich will in meinem Lebensraum nun
traumgeläutert weitergehen.

Der Traum, er spiegelt mein Gelebe
in eindrucksvollen Bildern. Warnt
mich vor selbstverliebter Schwebe,
in der ich drohe zu verwildern.

Er weist mir auch den Weg ins Freie,
heraus aus s elbst-ver-strick-ter Haft,
zeigt mir, wie - aufrecht - ich gedeihe,
enthüllt mir meine Wachstumskraft.

Wie ist es nun im Wachzustand,
den wir alltäglich erfahren?
Gibt es in diesem Alltagsland
auch ein erwachendes Gewahren.

Zitate zum Stück:

Pinchas LAPIDE:
(Jüdischer Religionsphilosoph)

„Wir müssten endlich einmal eine andere Konferenz einberufen mit dem Stichwort „Zipfel". Alle von uns, Hindus, Buddhisten, Moslems, Juden und Christen haben einen Zipfel der Wahrheit, aber nicht mehr.

Und wenn wir all diese Zipfel diskutieren, um voneinander zu lernen, ohne Synkretismus oder Grenzüberschreitung, dann könnten wir Juden, Christen, Moslems, Hindus und Buddhisten, jeden in seiner Überzeugung bestärken, auf dass wir aus diesen tausend Wurzeln gemeinsam einen neuen Baum der Versöhnung pflanzen.

Denn eines ist mir klar, lieber Kollege. Wir alle sitzen in einem einzigen Boot namens Erde und sind den selben rauen Winden und Gefahren ausgesetzt. Wenn wir nicht bald den Weg zur Versöhnung in // der Vielfalt finden, ohne Zwangsvereinigung noch Uniformisierung, dann könnten wir alle, Halleluja gegeneinander singend, miteinander untergehen....

Drei Krankheiten hat das interreligiöse Gespräch, soweit es überhaupt existiert. Der Absolutheitswahn fast jeder Religion, das Monopoldenken aller christlichen, jüdischen, muslimischen und aller anderen Leitgestalten.

Und letzten Endes die Alleinansprüche an das Heil. Nicht die Wahrheit wollen sie, sondern die bessere Wahrheit. Nicht das Heil wollen sie alle, sondern das einzige // Heil. Und diese Einzigartigkeitsansprüche, die zwar unterwegs zu Gott sind, aber alle anderen verdrängen oder unterjochen wollen, die sind der Feind jedes Kolloquiums und jeder Eintracht in der Vielfalt."
S. 81//82//83

Raimon PANIKKAR:

Sein berühmtes Statement:

**"Ich bin als Christ gegangen,
ich habe mich als Hindu gefunden
und bin als Buddhist zurückgekehrt,
ohne aufgehört zu haben,
Christ zu sein."**
(Seite 70)

(Beide Zitate stammen aus dem Buch:
Pinchas Lapide und Raimon Panikkar:
Meinen wir denselben Gott?
Ein Streitgespräch
München 1994)

Karl-Josef KUSCHEL:

„Wenn der globale Kulturkampf nicht tatsächlich zu einem Krieg der Zivilisationen (These von Samuel P. Huntington in: The Clash of Civilisations, 1996) führen soll, ist ein globaler Kultur- und Religionsdialog unerlässlich....
Es wird keinen Weltfrieden an den Religionen vorbei geben. Und weil es keinen Weltfrieden an den Religionen vorbei geben wird, erwächst umgekehrt gerade die Verantwortung der Religionsrepräsentanten, mehr zur Integration als zur Spaltung der Menschheit beizut(r)agen." S. 706

(<u>Aus</u>: Karl-Josef Kuschel: Wider die eifernden Pfaffen/ Religionsdialog - die Alternative zum „Kampf der Kulturen" <u>In</u>: Evangelische Kommentare 12/98 S. 704 - 706)

Zurück ins Glück!

oder:

Wege
aus dem
Glücksinfarkt

1. Vorspiel: ***Instrumental***

Prolog:

Warte- Kur

Im Glücks-Infarkt zerbroch`nes Glück!
Das Glück, es lässt sich nicht erzwingen!
Sonst bleiben Scherben nur zurück!
Das Glück, es will sich selbst darbringen.
Und seine Tür, sie öffnet sich
nach außen nicht, nach innen nur.

Drum warte ab und warte Dich
und Deine Kreise in der Spur
der offenen Präsenz,
damit Du Dich nicht selbst versalzst,
im Glückserzwingen Dich verkrallst.

Und so in letzter Konsequenz
nur jenes noch in Dir erstarkt,
was Dich hineintreibt in
den ungewollten Glücks-Infarkt.

2. *Instrumental*

Es träumte mir von einem Land,
in dem ein Traumgeschehen
mich dort in sein Gespinst einband,
und langsam mir verhalf, zu sehen,
was mich wohl glücklich machen kann
in meinem alltäglichen Streben
als jener weisheitliche Vorspann
vor jedem neu gelebten Leben.

Im Traumland, da begegnet mir
ein Fremder, der mich lehren soll,
wie ich das Glück als Lebenszier
nun finden kann in Dur, in Moll.
Er vergibt an mich ein Lehen,
das im weiteren Geschehen
ich erfolgreich nutzen soll.
Es besteht aus Ländereien,
aus kreisrunden Landparzellen,
die sich - über Hügelwellen -
eine an die andere reihen.

Inmitten aller dieser Felder
sind feste Sockel betoniert.
Auf ihnen hat man Stahlbehälter
abrisssicher anmontiert.
In den Stahlbehältern ruht -
fast unglaublich, aber wahr -
eine Menge Trockenblut.
Wozu, ist anfangs mir nicht klar.

Meine Aufgabe ist nun
alle Felder außer einem
zu verpachten, nicht zu ruh`n,
bis ich sie verpachtet habe
an die anderen Traumgestalten,
die zum Feld als Gratisgabe
das, was in Behältern ruht,
das angehäufte Trockenblut,
als Geschenk dazu erhalten.

Eine dieser Landparzellen
soll ich, trotz der Pachteinnahmen,
in Eigenarbeit selbst bestellen.
Dies gehört mit zu den Rahmen-
bedingungen der neuen Lage.

Dazu wird mir aufgetragen,
für den Rest meiner Tage
nicht dem Gelde nachzujagen,
nicht um Reichtum mich zu raufen,
die Gratisgaben Trockenblut
als ein mir geschenktes Gut
niemals, niemals zu verkaufen,
sondern sie nur zu verschenken,
um den eigenen Seelenfrieden
immer wieder einzurenken.

3. Lied: *Verkauf` Dich nicht, verschenke Dich!*

Refr.: *Niemals sollst Du Dich verkaufen,*
sondern Dich vielmehr verschenken!
Wirst sonst in die Irre laufen
und Dich dort nur selbst verrenken!

1. Str.: *Allen ist es aufgetragen,*
nicht dem Gelde nachzujagen,
nicht um Reichtum sich zu raufen
und sich niemals zu verkaufen,
sondern selbst sich zu verschenken,
um den eignen Seelenfrieden
auf befreite Bahn zu lenken,
jenseits aller Habgiertränken.

2. Str.: *Allen ist uns aufgetragen,*
als Geschenk uns zu gewahren
und in dieser Sicht den Plagen
unsres Lebens, den Gefahren,
die sich zeigen, uns zu stellen.
Im Geschenktsein uns zu garen
führt uns hin zu Lebensquellen,
die sich tiefer offenbaren.

3. Str.: *Allen ist uns aufgetragen,*
ins Präsent(-)sein uns zu wagen,
nicht mit Reichtum uns zu taufen
und uns niemals zu verkaufen.
Vielmehr soll`n wir uns verschenken,
um den Streit in aller Welt
hin zu Lösungen zu lenken,
die uns endlich Frieden schenken.

Ich fange an, die aufzusuchen,
die bei mir Parzellen buchen
könnten, doch ich habe kaum Erfolg.
Den Bauern ist das Land zu karg,
sagen die, die es schon kennen.

Außerdem stört sie der Sarg,
wie sie den Behälter nennen,
der mittendrin im Felde ruht,
angefüllt mit Trockenblut,
das sie zwar umsonst erlangen,
mit dem sie aber nichts anfangen
können. Er stört sie nur
auf ihrer Spur
beim Ackern, Säen, Ernten.

Ich werf` mich in die Werbeschlacht,
starte nun ein Werbe-Ringen.
Stetig senke ich die Pacht,
denn nur so kann es gelingen,
das mir anvertraute Lehen
bald schon unter`s Volk zu bringen.

Wenn auch nicht im Handumdrehen,
so geht doch meine Rechnung auf.
Alle Felder aus dem Lehen,
außer meinem eignen stehen
unter Pachtvertrag im Lauf
eines halben Jahres.

Die Pacht ist zwar nur sehr gering,
wir können aber damit leben.
Wenn ich noch meinem Feld abring`,
was es uns fähig ist zu geben,
dann kann ich meine Sippe nähren,
ihr einen - wenn auch bescheidenen -
Lebensstandard mitgewähren.

Ich würde gerne mehr verdienen,
um manche Wünsche zu erfüllen.
Jedoch die meist zufried'nen Mienen
der mir nun Anvertrauten hüllen
auch mich stets in Zufriedenheit.

Im ganzen Traumland, weit und breit,
da lebt man in Verhältnissen,
die ja im Grunde nichts vermissen lassen.
Zwar ist der Wohlstand unbekannt,
jedoch was keiner hat, entfacht
auch kaum einen sozialen Brand.

4.Lied: *Der soziale Brand*

1. Str.: *Wenn wir genug zum Leben haben,*
zufrieden sind, nicht mehr erstreben,
dann wird es den sozialen Brand
im Miteinanderleben nicht geben.

2. Str.: *Wenn wir mit denen, die es brauchen,*
was wir entbehren können, teilen,
wird der soziale Brand uns nicht
im Miteinanderleben ereilen.

3. Str.: *Wenn viele viel zu wenig haben*
und wenige zu viel besitzen,
dann wird bald der soziale Brand
entflammen und das ganze Land erhitzen.

4. Str.: *Wenn viele außer Rand und Band*
geraten, um sich reich zu machen,
dann wird sich der soziale Brand -
ein-jeder-gegen-jeden - entfachen.

Refr.: *Wann wird es im Gefüge krachen,*
wann wird sich der soziale Brand
in unseren ach so ruhigen Land
durch manch` soziale Kluft entfachen?

Doch eines Tages ändern sich
unser aller Lebensweisen.
Der Fremde macht bei uns Station
auf einer seiner Durchreisen.
Denen, die noch im Besitze
dessen, was bisher nichts nütze war,
im Besitz von Trockenblut,
macht er ein höchst eigenartig
anmutendes Angebot:

Zu einem sehr, sehr hohen Preis,
da will er alles Trockenblut,
das noch in Stahlbehältern ruht
bald aufkaufen. Doch niemand weiß,
warum er dieses denn nun tut,
und niemand ahnt, was er bezweckt,
und was dahinter sich versteckt.

Zuerst sind alle sehr erstaunt
über solch` ein Ansinnen.
Doch schnell verkauft man - gutgelaunt -
womit man bisher nichts beginnen konnte,
mit jenem unbrauchbaren Gut.

Denn das geschenkte Trockenblut
öffnet ungeahnte Quellen
eines Reichtums, der sich ihnen
unverdient ergießt in Wellen,
die das Land jetzt überschwemmen
und ihm somit gar nicht dienen.

Nur einer versucht, die Flut einzudämmen.
Er ist zufrieden, mit dem, was er hat.
Er will sich mutig dagegen stemmen.
Er ahnt, wie schnell Reichtum
die Menschen schachmatt setzen kann
im menschlichen Ringen
um ein gerechtes, lohnendes Leben.

Er ist nicht bereit, sich dem Geld zu verdingen.
Er lässt sich in seinem menschlichen Streben
nicht unter eine Herrschaft zwingen,
auch nicht unter die von Reichtum und Wohlstand
in jenem von mir geträumten Land.

Man nennt ihn dort Hartmut, den Spinner,
weil er versucht nur so zu leben,
dass im Streitfall ein jeder Gewinner sein soll
im aktiven Konflikte-Beheben.

5.Lied: *Nur gemeinsam*

1. Str.:   *Ich grab` Dir keine Grube,*
ich will nicht, dass Du fällst!
Ich drück` nicht auf die Tube,
will nicht, dass Du Dich quälst.
Das Leben nur gemeinsam
zu meistern, ist mein Ziel.
Ansonsten bleib` ich einsam
in meinem Lebensspiel.

2. Str.:   *Auch wenn du meinst, das Leben*
sei so nicht zu gewinnen,
ich bleib` bei dem Nicht-Streben
nach meinem Sieg, gelingen
wird das Zusammenleben nur
wenn wir im Streitfall beide siegen.
Dies sei für uns die Probe-Kur,
uns selbst nicht zu verbiegen.

3. Str.: *Ich kann für diese Lebenssicht*
Erfahrungen vorsingen.
Die guten haben das Gewicht,
die Mehrheit im Misslingen
trotz aller Schmerzen aufzuwiegen.
Es bleibt dabei: Das Leben bringt
nur den zuletzt zum Siegen,
der sich mit dieser Sicht durchringt.

Refr.: *Das Leben nur gemeinsam*
zu meistern, ist das Ziel!
Sonst bleiben wir nur einsam
in unsrem Lebensspiel.

    Auch ich lass mich vom Geld verführen,
verkaufe meinen Blut-Anteil.
Das öffnet mir verschlossene Türen,
verspricht mir wahres Lebensheil.

Dass ich damit Verbotenes tue,
das weiß ich zwar, doch stört`s mich kaum.
Es raubt mir nicht die innere Ruhe.
Es scheint mir vielmehr wie ein Traum,
was ich einst als Versprechen gab,
dem Fremden, meinem Lehensgeber
und was ich jetzt gebrochen hab`.

Es hieß:
Du sollst Dein Blut verschenken!
Doch niemals darfst Du es verkaufen,
sonst wirst Du Dich nur selbst verrenken
und in die Irre Dich verlaufen.

Was das für Konsequenzen hat,
kann ich noch nicht ermessen.
Jetzt dreht erstmal mein Lebensrad
sich nur um`s Geld! Vergessen
ist die vergang`ne ruhige Zeit
mit ihrer durchlebten Zufriedenheit.

6. *Sich nur verschenken (Kanon)*

*Du sollst Dich nur verschenken
und niemals Dich verkaufen!
Sonst wirst Du Dich verrenken
und in die Irre laufen!*

Die Pächter meiner Landparzellen
sind jetzt mit einem Schlage reich.
Ganz ungeahnte Wünsche quellen
nun auf, durchbrechen jeden Deich
der lang erprobten Bescheidenheit,
in der sie bisher ganz gut lebten
im Miteinander, weit und breit.

Die Pächter sind des Lobes voll!
Sie preisen das einst verlachte Gut,
das ihnen geschenkte Trockenblut,
aus dem ganz unerwartet
ihr großer Reichtum quoll.

Auf einmal werd` ich hoch geehrt
als ein besonderer Wohltäter,
der ihnen Wohlstand hat beschert,
ihr Auskommen für jetzt und später.

Wer damals mich so sehr verlacht
und bei mir nicht gepachtet hat,
geht nun mit sich schwer ins Gericht.
Jetzt lachen ihn die Pächter aus,
verloren hat der Spötter
sein besserwissendes Gesicht.

Und niemand versteht ihn, Hartmut, den Spinner,
der um keinen Preis sein Blut verkauft.
Auch er, er könnte ein Gewinner sein,
wenn er sich jetzt mit Reichtum tauft.

Doch Hartmut bleibt bei seiner Sicht,
beim eigenwilligen Verzicht
auf seine Selbstbereicherung.

Er sieht schon kommen, was dann kommt:
Es schwindet die Zufriedenheit
schon bald, nach einer kurzen Zeit.

Zwar steigt der allgemeine Wohlstand
durch ein enormes Wirtschaftswachstum.
Als Preis zerreißt das soziale Band
durch einen wuchernden Spitzenreichtum.

Die Reichen werden immer reicher,
beherrschen schon das ganze Land.
Es quillen die Devisenspeicher.

Es wuchert außer Rand und Band,
das Geld, durch Zins und Zinseszinsen,
und das soziale Gleichgewicht,
das zwischen armer und reicher Schicht,
geht stetig, stetig in die Binsen!

Ob reich, ob arm, was alle einigt,
ist ihre Unzufriedenheit.
Vorbei ist lange schon die Zeit,
in der die Gier sie nicht gepeinigt,
die Gier nach Reichtum und nach Geld.

Wer viel besitzt, der mauert sich ein
in seine reichhaltigen Sorgen:
Wird sein Besitz auch übermorgen
noch weiterhin gewachsen sein?

Wer wenig nur sein eigen nennt,
sehnt sich nach dem, was er nicht hat.
Er strebt konsumwärts und verrennt sich,
treibt seine Kräfte ins Schachmatt.

Nun, glücklich wollen sie alle werden,
ihr Glück erstreben, es erjagen,
doch ohne jene Zeitbeschwerden,
die sie nun fast schon alle plagen.

Je mehr sie aber Glück erstreben,
je weniger erreichen sie
das lang ersehnte traumhafte
urglücklich ausgefüllte Leben.

7.Lied: **_ES IST SCHON DA, das Glück_**

*Das Glück ist wie die Luft, die Dich
umgibt und mit am Leben hält.
Das Glück ist wie ein Duft, der sich
verströmt und sich Dir zugesellt.*

*Das Glück ist wie das Blühen
der Blume, wenn Du sie nicht pflückst.
DA IST ES ohne Dein Bemühen,
es kommt, wenn Du es nicht austrickst*

*DAmit, es selber zu erlangen.
Mehr Luft beim Atmen führt zum Krampf!
Den Duft erjagen ist ein Kampf,
den Du verlierst. Vergangen*

*ist der Genuss schon bald!
Gepflückte Blumen welken!
Im Würgegriff, der sich verkrallt,
lässt sich das Glück nicht melken!*

Und es treibt sie weiter an,
schneller noch ihr Glück zu finden.
Fast jeder sucht sich anzubinden,
an das, was ihm noch helfen kann.

Allen neuen Glücksversprechen
gibt man sich begierig hin.
Auch wenn die ihr Versprechen brechen,
es kommt kaum einem in den Sinn,
doch endlich damit aufzuhören,
sich mit solchem zu betören.

Auf dem Glücksvertreiber-Markt
tritt nun der Fremde in Aktion.
Er spiegelt unseren **Glücks-Infarkt**.

Er erteilt uns die Lektion,
wie wir uns das Glück zerstören,
wenn wir es für uns erzwingen,
statt nur achtsam hinzuhören,
wie sich das Glück uns darbringen will,
wenn wir es nicht ergreifen, fassen,
uns vielmehr von ihm zart und sanft
umgreifen und erfassen lassen.

Er präsentiert uns eine neue
Droge für Glückseligkeit.
Sein Slogan heißt: Erfreue Dich,
vergiss Dein eigenes Leid.
Lass Dich vom Glücksgefühl erheben
aus Deiner Unzufriedenheit
und aus dem nur gehetzten Leben.

Nun, hinter seinem Angebot
in Form von Tropfen, Pulver, Pille,
steht das gekaufte Trockenblut,
das er geheim, in aller Stille,
gefärbt, geformt zur neuen Droge,
jetzt auf den Drogen-Glücks-Markt schmeißt
in jene Glücksvertreiber-Woge.

„Ich bin ein Glücksvertreiber!"
verkündet er im ganzen Land.

„Ich vertreibe auch Ihr Glück,
und zwar einzeln, Stück um Stück,
gegen Bargeld auf die Hand.
Greifen Sie auf mich zurück,
ich vertreibe auch Ihr Glück!
Ich bin ein Glücksvertreiber!"

Kaum einer spürt die Ironie
in seinen Werbesprüchen!
Die Leute kaufen wie noch nie!
In ihren Lebensbrüchen,
in ihrem Glücksinfarkt,
treibt sie die Gier nach Glücklichsein
immer wieder auf den Markt
der Glücksvertreiber, um die Pein
zu lindern, dass das erstrebte
und auch erkaufte Glück betrügt,
weil es so schnelllebig verfliegt.

8.Lied: <u>Glücksvertreiber</u>

„Ich bin ein Glücksvertreiber!"
verkündet er im ganzen Land.
„Ich vertreibe auch Ihr Glück,
und zwar einzeln, Stück um Stück,
gegen Bargeld auf die Hand.

Greifen Sie auf mich zurück,
ich vertreibe auch Ihr Glück!
Ich bin Ihr Glücksvertreiber!"

Auch ich bin äußerst neugierig,
gespannt auf's neue Glücksversprechen,
das sich uns anpreist - vieltürig -
für das alltägliche Gebrechen.

Das Glücksgefühle uns verspricht
ganz jenseits täglicher Beschwerde
und einen Himmel auf der Erde,
der allerdings sehr schnell zerbricht.
Denn diese neue Glücksdroge
erzeugt ein himmlisches Gefühl,
doch lässt die Wirkung, nach Stunden schon,
erheblich nach, in Depression
verfällt der Drogenkonsument.

Drum muss man wohl, um glücksgestimmt zu bleiben,
und um das Stimmungstief, das folgt, zu vertreiben,
erneut noch tiefer in die Tasche greifen,
um hirnvernebelt umherzuschweifen
im drogengezeugten Glückszustand.

Auf dem Höhepunkt der Woge
des Konsums der neuen Droge
lässt der Fremde durchblicken,
dass das ekstatische Entzücken
nur auf einer Basis ruht:
Auf dem verkauften Trockenblut!

Die meisten wollen es nicht glauben!
Sie halten es für einen Scherz!
Doch die, die oftmals ohne Herz
bemüht sind, immer abzustauben
für ihren eigenen Gewinn,
zieht es zu Hartmut, dem Spinner, hin.

Denn Hartmut hat, wie man ja weiß,
auch noch sein eigenes Blut auf Lager!
Man bietet einen hohen Preis
für einen vollen Fingerhut:

Viel Geld für wenig Trockenblut!
Viel mehr als Hartmut je bekommen.
Viel weniger, als jetzt der Fremde
für seine Droge eingenommen!

Doch Hartmut, er bleibt weiter standhaft,
trotz vielfältiger Bitten!
Er sieht ja die Zerstörungskraft,
die ungebremste Gier, die mittendrin
im Geldbesitze wartet,
bis sie den Menschen packt
und schleichend ihn entartet,
indem sie falsches Glück verspricht
und ihn damit schon bald zerbricht.

Aus Mitleid mit den Glücksverirrten
lässt Hartmut sich erweichen,
den Bettelnden, den Glücksverwirrten,
je ein Prise Trockenblut
als ein Geschenk zu reichen.

Die Wirkung ist, wie man schon ahnt,
die gleiche wie bei jenen Drogen.
Um drohende Besucher-Wogen
zu vermeiden, da ermahnt
Hartmut alle, ihr Erstaunen
bloß nicht auszuposaunen,
die Entdeckung zu verschweigen,
sie nicht jedem vor zu geigen!

Nun, die Mahnung ist vergeblich!
Bald weiß es fast jedermann
und jede-frau im Land. Auch mich
schlägt diese Nachricht schnell in Bann.

Und weil mich mit dem Spinner Hartmut
von früh auf eine Freundschaft band,
bitte auch ich ihn um Trockenblut,
um eine Prise auf die Hand.

9. *Instrumental*

Freudestrahlend, überglücklich,
schenkt er mir die Drogennahrung
und erzählt mir - höchst vertraulich -
eine seltsame Erfahrung:

Als er die ersten Bittsteller
mit seinem Trockenblut beschenkte,
da ward es plötzlich um ihn heller,
und eine große Freude senkte
sich tief in sein Gemüt.

Es durchstrahlte ihn ein Glück,
wie es ihn noch nie durchglüht,
soweit er sich jetzt noch zurück-
erinnern konnte.

Und immer wenn er Trockenblut
an neue Bittsteller verschenkte,
durchströmte ihn die gleiche Glut.

Und neugierig geworden, lenkte
er seine ganze Achtsamkeit
auf jenes Glück, das ihm beschwingte,
wenn den Besuch von nah und weit
er mit dem Trockenblut beschenkte.

Je mehr er sich darauf beschränkte,
um jenes Glücksgefühl zu ringen,
das sich ihm nur beim Schenken schenkte,
je weniger wollt` es gelingen
in dieser Art es zu erringen,
auch wenn er noch so mächtig drängte
und sich beim Schenken selbst verrenkte.
Denn scheinbar ließ es sich nicht zwingen!

Je heftiger er dies betrieb,
je mehr verließ ihn alles Glück!
Sein unbedachtes Tun zerrieb ihn
und ließ verzweifelt ihn zurück.

In seiner Not erschien im Traum
der Fremde ihm als Seelenführer,
geleitete ihn, den Glücksverlierer,
in einen lichten Erkenntnisraum,
in dem er klarsichtig erschaute,
wie er sich selbst den Weg verbaute
zum einzig wahren Glück.

Das Glück schenkt uns nicht jenes Schenken,
bei dem wir uns nur selbst verrenken,
in dem wir um uns selber kreisen,
um uns mit Glücksgefühl zu speisen.

Glück und Freude schenkt ein Schenken,
bei dem wir an den anderen denken,
und um sein Wohl und Wehe kreisen,
ihn mit dem Neu-Geschenkten speisen.

Nachdem er dieses eingesehen,
erwachte er aus seinem Traum
mit einem tieferen Verstehen
vom glücksbeschenkten Lebensraum.

Er beschloss, nie mehr beim Schenken
nur an sein Gefühl zu denken,
sondern seine Achtsamkeit,
liebevoll und teilbereit,
auf den anderen zu lenken
und sich so nicht einzuschränken
in der eigenen Menschlichkeit.

Er übte herzgestützt zu schenken,
das Seinige mit Herz zu teilen,
auf ein Präsent(-)Sein einzuschwenken,
bei den Beschenkten zu verweilen.
Je mehr er sich dabei vergaß
und sich selber überbrückte,
desto stärker wirkte das,
was unverfügbar ihn beglückte.

Seine neue Umkehr-Haltung
wandelte sein Schenkergut,
das ihm geschenkte Trockenblut,
in jenes Mittel zur Entfaltung
der Einsicht in die Fehlgestaltung
des eigenen Lebens durch die Gier
nach Blenderglück im Jetzt und Hier:
Die Ureinsicht, die den Bescherten
den eigenen falschen Glauben raubte,
ihnen nun nicht mehr erlaubte,
an das Glücksgefühl zu glauben.

Sein Bericht erschüttert mich,
bringt mein Glücksstreben ins Wanken.
Im Blick auf ihn, da rührt es sich
in mir. Ein urvertrautes Danken,
das ich schon lang nicht mehr gespürt,
durchzittert mich als sanftes Beben.
Und ich gewahre mich verführt
von einem egomanen Streben
nach Glück, das mir allein gebührt.

Nun, es dauert eine Weile,
bis ich mich vom Alten löse,
vom geglaubten Drogen-Heile
und dem **Glücks-Gefühls-Getöse.**

Ich erprob` den anderen Pfad,
den ich ganz klar bei Hartmut sehe.
Er steht mir bei mit Rat und Tat,
damit ich mich nicht neu vergehe
und auch verlauf` im Labyrinth
der inszenierten Selbstverblendung.

Ich durchlebe eine Wendung:

Werde endlich, werde Kind!

Werde endlich wie ein Kind!

10. Lied: *Ihr sollt werden wie die Kinder*

Refr.:   *Ihr sollt werden wie die Kinder:*
Frohgemut und kindlich offen!
Ihr sollt werden wie die Kinder:
Neugierig und stets betroffen!
Werden wir wohl wie die Kinder,
ist für die Zukunft noch zu hoffen!

1. *Ihr sollt werden wie die Kinder,*
nicht kindisch, sondern kindlich offen,
so neugierig wie Spurenfinder
von Spuren, die noch Grund zum Hoffen
uns geben im verstellten Leben,
das wir so gerne uns erstreben.

2. *Ihr sollt werden wie die Kinder,*
nicht vorlaut, sondern mitteilsamer
und auch begeisterte Erfinder
von neuen Spielen, die heilsamer
uns in das Leben integrieren
und zueinander uns hinführen.

3. *Ihr sollt werden wie die Kinder,*
nicht schwach sondern erbarmungsstark,
spontane Sympathie-Entzünder,
dort, wo die Herzlichkeit nur karg
und mühsam sich behaupten kann:
Da bricht nur Kindlichkeit den Bann!

4. *Ihr sollt werden wie die Kinder,*
nicht altklug sondern ganz präsent,
nicht wie Härter, nein, wie Binder,
den man ja vom Klebstoff kennt.
Härten wird uns schon das Leben:
Die Bindung ist uns aufgegeben!

**„Endlich Wach-werden, präsent-sein
und Sich-Erden, ein Präsent sein!
Ohne krampfhaftes Bemühen:
Spüren, Spuren, Sich-Versprühen!"**

So lautet jetztseits die Devise
auf meinem neuen Lebenspfad.
Sie ist wie eine frische Brise
und wie ein reinigendes Bad
für mich, für Dich und auch für jene,
die nach mir ausgestiegen sind
aus der beschriebenen Drogenszene.

Wir scharen uns um Hartmut,
wir lernen umzudenken,
entdecken neue Lebensglut
in uns und suchen einzuschwenken
in die Ellipsenbahn,
auf der wir um das Teilen kreisen
gegen allen Ego-Wahn
und uns gegenseitig speisen
mit dem, was wir selbst uns gönnen,
mit dem, was wir verschenken können
in den vielfältigsten Weisen.

Immer mehr von den Verirrten,
von den Drogen-Glücks-Verwirrten,
von den Drogen-Lust-Liierten,
von den Glücks-Drogen-Frustrierten
suchen bei uns neuen Tritt,
lassen sich von uns begleiten
auf unseren Wegen, Schritt für Schritt,
in lohnendere Lebensbreiten.

Unter dem Befreiungsdruck,
der nun zunehmend entsteht,
geht schon bald ein starker Ruck
durch das Traumland und es weht
neuer, frischer Lebenswind.

Hartmut, der verpönte Spinner,
der Außenseiter, der Verlierer,
für sich selbst nur ein Gewinner,
wird ungewollter Lebensführer
hin zu einem Lebensglück,
das sich nicht mehr, Stück für Stück,
langsam selber nur noch auffrisst,
sondern uns im Lebenszwist
immer tiefer hingeleitet,
immer klarer aufbereitet,
immer näher zu dem hin rückt,
was im Leben allein beglückt.

Als die Bewegung um sich greift,
sich zunehmend verbreitet,
da scheint dem Fremden die Zeit gereift,
auf die er hingearbeitet.
Er stellt den Drogenhandel ein,
bricht seine Zelte bei uns ab.
Mit vollbeladenem Reisewagen
setzt er nun seine Reise fort,
wohin, das kann uns keiner sagen,
denn keiner kennt den neuen Ort

.

11.Lied: *Glück durch Schenken*

Glück schenkt uns nicht jenes Schenken,
bei dem wir uns nur selbst verrenken,
in dem wir um uns selber kreisen,
um uns mit Glücksgefühl zu speisen.

Glück und Freude schenkt ein Schenken,
bei dem wir an den anderen denken,
und um sein Wohl und Wehe kreisen,
ihn mit dem Neu-Geschenkten speisen.

Ich hab` die Lektion gelernt,
die der Fremde uns erteilt:
Ich war von mir selbst entfernt,
bin erwacht und bin geheilt
von der Sucht nach falschen Wegen
in das Glück und hin zum Segen,
Ich weiß jetzt, was ich verliere,
will ich mir das Glück erzwingen.

Ich weiß, dass ich mich abwärts führe,
weiß, es wird mir nicht gelingen,
das LEBEN derart zu erringen.

„Du darfst Präsent(-)sein, Dich verschenken!"
Die Botschaft habe ich verstanden!
„Dann wirst Du Dich nicht selbst verrenken
und nicht im Nichtigen versanden!"

Ich will es immer neu bedenken,
mich in diese Sicht versenken,
aus ihr leben, aus ihr handeln,
mich in ihr aufrichtend wandeln
hin zu dem befreiten Leben,
das mir reichlich aufgegeben!

12. <u>Kanon:</u>   ***Spezielles Abenteuer***
Spirituelles Abenteuer

Es ist das größte Abenteuer,

präsent zu sein, die Welt als ein

Präsent zu schau`n und im Gemäuer

unserer Welt auch ein Präsent zu sein!

Epilog: **Neu-Anfang**

**Nochmal
völlig neu anfangen!
Ohne der Vergangenheit
im Erneuten anzuhangen:
Dazu bin ich jetzt bereit!
Alles hinter mir zu lassen,
auch die Zukunft, die mich
zieht, das ist, was mich
jetzt umfassen will,
was in mir erblüht!
Jetztseits immer
wieder neu
Auferstehen-
vor-dem-
Tode
wi-
der
jede**

**flücht`ge
Mode: Weizen
trennen von
der Spreu!**

13. Nachspiel: *__Instrumental__*

Nachtrag

Glücksfindung

Vor Deiner Tür, da wartet schon
das Glück. Es will zu Dir hinein.
Doch hinderst Du es - welch` ein Hohn!
Du willst es Dir als Deinen Lohn
erringen in der Macherpein.

Du stürmst die Tür! Doch keinen Spalt
lässt sie sich öffnen hin zum Glück.
Mit Macht versuchst Du`s, mit Gewalt!
Jedoch vergeblich! Es verhallt Dein Müh`n!
Nicht einen Deut weicht sie zurück!

Du bist verzweifelt, resigniert!
Lässt ab von dem bemühten Streben
und wartest ratlos, was passiert:
Wie willst Du denn das Glück erleben,
wenn sich die Tür kein Stückchen rührt?

Auf unerwartet still und sanfte Weise
wirst Du das Glück urplötzlich gewinnen.
Denn seine Tür, sie öffnet sich ganz leise,
fast lautlos zu Dir hin nach Innen.

Es lichtet Dich

Es lichtet Dich
ein noch verborg`nes Leuchten,
aufrichtet Dich in Deiner Plusgestalt.
Verschattungen, die es bisher verscheuchten,
verlieren ihre streunende Gewalt.

Und plötzlich bricht es ein, das große Staunen,
wenn Du das Leben als Geschenk gewahrst.
In Wellen brandet an ein lichtes Raunen,
in dem Du neu beschenkt
im Jubel garst.

Ein Glück, dass Dir dies` manchmal widerfährt!
Lässt Du es (s)ein, wird es Dich weiter lichten,
und die Gewissheit wird sich Dir verdichten:
Süss-bittt`rer Most, er wird zum
edlen Wein bekehrt!

Ich glaube, Du bist auch dazu geboren,
präsent zu sein, die Welt als ein Präsent zu schau`n,
Dich labend, daran aufzubau`n und neu gegoren
dieser Welt auch (D)ein Präsent zu sein.

*(Für Kristine,
die nach der Lektüre dieses
Music-Textivals ihr Leben vertiefen wollte)*

<u>Befreiter leben!</u>

oder:

<u>Das Fichten - Gleichnis</u>

<u>1. Instrumental</u>

<u>Prolog:</u>

In unserer Zeit stellt sich die Frage,
erdrückend in der Dringlichkeit,
wie lang` es der Planet noch trage,
was wir ihm aufbürden an Leid.

Die Menschheit wächst und wächst und wächst!
Und Wohlstand wollen alle haben!
Wer hat die Menschen bloß verhext?
Am Ende werden alle darben!

Als mich die Frage wieder `mal
bedrängte, was ich ändern könnte,
erschien mir in der Fragequal
die Antwort, die ein Traum mir gönnte.

Die Rettung unseres Lebensraumes
erfordert radikale Umkehr,
Verzicht auf Alles-Mehr-Noch-Mehr.

Der Kern der Botschaft meines Traumes
wies hin auf eine Änderung
der grundlegenden westlichen
uns andressierten Lebenshaltung.

2. Lied: **_Träume sind besondere Schäume_**

Refr.A: Träume sind nicht immer Schäume!
Jetzt und hier eröffnen sie Dir
unbekannte neue Räume.
Hat dein Leben sich verfahren
offenbaren Träume manchmal
Lösungen im Unlösbaren.

1. In des Lebens Wirrungen,
selbstverkeilt als Konkurrent,
verlacht der Traum Dir vehement
Deine Selbstverirrungen.
In des Lebens Wirrungen,
verknäuelt in Hass und Sympathien,
hilft der Traum mit Strategien
der Abwehr von Verirrungen.

Refr.A: Träume sind nicht immer Schäume ...

2. In des Lebens Wirrungen,
mitten in den Turbulenzen,
mahnt der Traum zu Konsequenzen,
zum Auszug aus den Irrungen.
In des Lebens Wirrungen,
im Gestrüpp von Neid und Gier,
weist der Traum auch häufig Dir
Wege aus Verirrungen.

Refr.A: Träume sind nicht immer Schäume ...

3. In des Lebens Wirrungen,
auf der Suche nach dem Heilen,
lässt Dich der Traum geheilt verweilen
dieseits aller Irrungen.
In des Lebens Wirrungen,
in manch`zerbrochener Lebensart,
führt Dich der Traum aus Irrungen
zum Ursprung in der Gegenwart.

Refr.B: *Träume sind besondere Schäume!*
Jetzt und hier eröffnen sie Dir
hilfreich die zentralen Räume.
Hast Dein Leben Du verfahren,
offenbaren Träume manchmal
Lösungen im Unlösbaren.

In meinem Traum find` ich mich vor
im Reich der Tiere und der Pflanzen.
Es öffnet sich mein drittes Ohr:
Ich höre, spüre Klänge tanzen,
die mir im Wachzustand verwehrt.
Von ihnen werd` ich nun genährt.
Ein Gleichnis, es nimmt seine Wohnung
inmitten einer Fichtenschonung:

Die Fichten sind von Menschenhand
sehr dicht gepflanzt, um schnell zu treiben.
Profite will der Forstverband
durch Holzverkauf sich einverleiben.
Ich kann zwei junge Fichten sehen,
die angeregt sich unterhalten,
um das Geschehen zu verstehen.
Sie wollen im Leben sich entfalten.

Die Fichte A, noch schwach und klein,
ist einverstanden mit der Lage.
Für sie kommt es allein in Frage,
beim Wachsen schneller zu gedeih`n
im Wettstreit mit den anderen Fichten.

Die Fichte B macht noch nicht mit,
verweigert sich dem Wachstumsritt
will sich an ihm nicht ausrichten.
Im schneller wachsenden Gedränge
will sie nicht einfach mithalten.
Sie will als Fichte sich entfalten,
befreit von schonungshafter Enge.

Sie leidet sehr an ihrem Los.
Denn sie hat nur die eine Wahl:
Entweder wird sie stark und groß
als kronengrüner Fichtenpfahl,
der im Geäst verkümmert bleibt,
weil ihn der Zwang nach oben treibt.

Oder aber sie entzieht
sich dem Wachstumswucherwahn,
weigert sich und entflieht
jenem profitablen Plan,
den nur Menschen sich ersinnen,
um mehr und mehr noch zu gewinnen.

Nun, die Konsequenz ist klar!
Denn dann lebt sie offenbar
nicht sehr lange im Verbund,
im geschützten Fichten-Rund.

Einerseits will sie ja leben,
sich entfalten, größer werden,
mit den anderen sich erheben,
ohne diese zu gefährden.

Andrerseits will man sie zwingen
durch die **Mono-Pflanz-Kultur**,
gnadenlos sich durchzuringen
nur für`s Überleben pur!

3. Lied: <u>*Nur gemeinsam*</u>

1. Str.:   *Ich grab` Dir keine Grube,*
ich will nicht, dass Du fällst!
Ich drück` nicht auf die Tube,
will nicht, dass Du Dich quälst.
Das Leben nur gemeinsam
zu meistern, ist mein Ziel.
Ansonsten bleib` ich einsam
in meinem Lebensspiel.

2. Str.:   *Auch wenn du meinst, das Leben*
sei so nicht zu gewinnen,
ich bleib` bei dem Nicht-Streben
nach meinem Sieg, gelingen
wird das Zusammenleben nur
wenn wir im Streitfall beide siegen.
Dies sei für uns die Probe-Kur,
uns selbst nicht zu verbiegen.

3. Str.:   *Ich kann für diese Lebenssicht*
Erfahrungen vorsingen.
Die guten haben das Gewicht,
die Mehrheit im Misslingen
trotz aller Schmerzen aufzuwiegen.
Es bleibt dabei: Das Leben bringt
nur den zuletzt zum Siegen,
der sich mit dieser Sicht durchringt.

Refr.:   *Das Leben nur gemeinsam*
zu meistern, ist das Ziel!
Sonst bleiben wir nur einsam
in unsrem Lebensspiel.

In den nächsten Lebensjahren
passt sich unsere Fichte an.
Um ihr Leben zu bewahren,
fügt sie sich dem Wachstumsbann.
Doch je länger sie so strebt,
desto klarer wird ihr jetzt:

**Wer sich wachsend weiter hetzt
und sich wuchernd nur verlebt,
hat sein WESEN tief verletzt!**

Ihr Geäst ist schon verdorben,
viele Äste abgestorben.
Nur die Krone grünt im Licht,
wuchert weiter - dicht an dicht -
mit den anderen Nachbarfichten.
Jede sucht sich auszurichten
an der lichten Höhenluft
jenseits dunkler Äste Gruft.

Erste Zapfen treibt sie schon
für die Nachkommenschaft:
Für die Tochter, für den Sohn,
jenseits aller Schonungshaft.

Und sie wird auch schon bewohnt!
Denn ein Eichhörnchen hat
sie entdeckt, weil es sich lohnt:
Bei ihr wird das Tierchen satt!
Sie befreundet sich mit ihm.
Sie bespricht mit ihm die Lage,
auch so manche Lebensfrage,
und so werden sie ein Team.

Außerhalb des Fichtenwaldes,
so erzählt das Hörnchen ihr,
haben Menschen zum Erhalt des
Waldes einen Mischwald angepflanzt.

Denn sie haben längst erkannt:
Reine Mono-Baum-Kultur
hat in Zukunft nicht Bestand,
wuchert nur - stur-in-Spur -
anfällig und ungesund,
dient dem Holzprofite nur.

In dem Mischwald dürfen Fichten
mit den anderen Bäumen leben,
artgemäss sich aufrichten
und sich ganzheitlich erheben.

Alles darf an ihnen wachsen!
Keine muss sich mehr verstreben
gemäß den Wucher-Wachstums-Faxen,
um im Rund zu überleben.

Alle Bäume stützen sich
durch die eigene Gegenwart.
Jeder lebt in seiner Art
für die anderen förderlich.

Jeder ist als Baum präsent
und lebt als ein Baum-Event.
Keiner ist mehr Konkurrent,
sondern vielmehr ein Präsent
für die anderen Bäume.

Nun, wo alle so gedeihen,
wie es ihrer Art entspricht,
kann man sich am Leben freuen
und wachsen - man verkümmert nicht!

4. *Präsent-sein (Kanon)*

*Alle Menschen stützen sich
durch die eigene Gegenwart.
Jeder lebt in seiner Art
für die andern förderlich.
Jeder ist als Mensch präsent,
lebt als Menschen-Mensch-Event.
Keiner ist mehr Konkurrent,
sondern vielmehr ein Präsent.*

Des Eichhörnchens Erzählung
erweckt mit einer Herzenswucht
erneut die tiefe alte Sehnsucht
nach eigener Erwählung.
Die Fichte schaut die Vollgestalt,
vom Ursprung her der Art geschenkt.
Und sie durchleidet die Gewalt,
die ihr in Fichtenhaft verhängt.

Sie sehnt sich nach dem Lebensraum,
wo sie befreiter leben kann.
Der Mischwald bietet sich ihr an
als Möglichkeit für diesen Traum.
Doch weiß sie auch, als Fichtenpfahl,
dass sie nur davon träumen kann.
Der Fichtenwald, er ist ihr Schicksal
mit seinem Wachstums-Wucher-Bann.

Wär` sie ein Mensch und hätt` die Wahl,
sie würd` sich diesem Zwang nicht fügen,
sich nicht mehr um sich selbst betrügen,
sich lösen aus genormter Qual,
in neues Leben auswandern
ins offene gelobte Land
in Aufrichtung mit allen ander`n,
die ihr in dieser Sicht verwandt.

Als Fichte aber muss sie bleiben,
hat nur die Wahl, zu resignier`n,
oder aber mitzutreiben,
ein Krüppeldasein mitzuführ`n.

Die Sehnsucht nach dem Anderen-Leben
hat sich in ihr jetzt voll entfacht.
Sie träumt von ihm, ganz hingegeben,
verweigert sich dem weit`ren Streben
und stoppt ihr Wachstum ungeachtet
der Konsequenz für`s Überleben.

Als sie die anderen überragen,
und ihr die Möglichkeit zerschlagen,
zu überleben, stirbt sie heiter
und träumt, ihr Same lebe weiter.
Sie wachse neu in Vollgestalt
in einem auserwählten Mischwald.
Hier könne sie sich ganz entfalten
und brauche sich nicht mehr zu spalten.

Das Eichhörnchen, das mitgelitten
an ihrer großen Lebensqual,
ist nach dem Tod zur Tat geschritten,
verwirklichte die gute Wahl:
Hat ihren Samen ausgestreut
im Mischwald und sich sehr gefreut,
als dieser keimte, Wurzeln schlug
und freier wuchs nach allem Spuk,
die Fichtenfreundin auferstand
im neu geschenkten Baumgewand
in dem geträumten freien Land.

5. *Lied:* *Sprechgesang*

Der Fichtenwald, er überlebte
sie nicht sehr lang`, denn ein Orkan,
der wütend durch die Wälder fegte,
zerstörte seine Lebensbahn.

Die reine Mono-Baum-Kultur,
gepflanzt allein für den Profit,
ist viel zu schwach, der Mischwald nur
hält mit den Lebensstürmen Schritt!

6. *Instrumental*

Mit einem tiefen Unbehagen
bin ich aus meinem Traum erwacht.
Die Antwort, die er mir gebracht,
lässt mich beunruhigt weiterfragen.

Im Spiegel dieses Traumes sehe
ich meine eigenen Möglichkeiten,
und wie ich mich an mir vergehe,
lass` ich mich vom Profit verleiten,
verführe mich im Wucherwahn
zum Höher-Schneller-Weiter-Wachsen,
bis mich die Wachstums-Wucher-Faxen
verkümmern lassen auf der Bahn
der mitmenschlich-sozialen
eigenen Entfaltung.

Die Warnung steht ganz klar im Raum:
Das Bild des Einzelkämpfers pur
im Bild der Mono-Baum-Kultur
als reine Abschreckung, als Alptraum.

Der Weg, den dieser Traum mir weist,
ist auch symbolisch ausgesagt:
Wer im Verkehrten nicht vereist,
ihm vielmehr abzusterben wagt,
erleidet schleichende Durchlösung
der selbst- und fremdbestimmten Ketten.

Und nach gelungener Genesung
verlässt er überlebte Stätten
normierter Selbstverstümmelung
und siedelt in befreiten Zonen,
um dort mit anderen zu wohnen,
erlöst von der Verschlimmerung
der selbst- und fremdbestimmten Lage
durch die zentrifugale Frage:

Wie kann allein ich überleben?
und nicht - wie es uns aufgegeben:
Wie finden alle wir
das L E B E N im Leben?

7. Lied: <u>*In Menschen-ART*</u>

1. *Ich bin nicht auf der Welt,*
   um so zu sein, wie Ihr mich wollt`,
   auch wenn`s Euch nicht gefällt,
   Ihr mir deswegen manchmal grollt.
   Ich bin nicht auf der Welt,
   um so zu sein, wie Ihr mich wollt`!

2. *Ich bin nicht auf der Welt,*
   um das zu tun, was alle tun,
   was in der Masse zählt:
   Bin Adler und kein Massenhuhn!
   Ich bin nicht auf der Welt,
   um das zu tun, was alle tun!

3. *Ich bin nur auf der Welt,*
   um DA-ZU-SEIN IN MENSCHEN-ART.
   So wird die Welt auch mit erhellt.
   Mein Licht, das bleibt Euch nicht erspart.
   Ich bin nur auf der Welt,
   um DA-ZU-SEIN IN MENSCHEN-ART!

Refr.: *Ich bin ein Adler und kein Huhn!*
   Was hab` mit Hühnern ich zu tun?
   Verlasse jetzt das Huhngehege,
   steig` auf und fliege meine Wege!

Epilog: **Befreiter leben!**

Ich saß im Wald auf einer Bank,
genoss die würzige Natur.
Und es erfüllte mich ein Dank,
es streichelte mich LEBEN - PUR.

Da sah ich rechts den Fichtenwald,
gepflanzt als Mono-Holz-Kultur.
Ein Schauder überfiel mich kalt,
ein Gleichnis-Schrecken mich durchfuhr.

Der hochmodern(d)e Lebensstil
stand gleichnishaft vor meinen Augen:
Uns für Profite auszulaugen
als tödliches Gesellschaftsspiel!

Die Fichten überlebten nur
durch Wettkampf um die Höhenluft.
Die Kronen ragten aus der Gruft
der abgestorbenen Astkultur.

Der-Höher-Größer-Schneller-Wahn
verführt uns in den falschen Traum,
verwuchert uns den Lebensraum.
Wir enden auf der Todesbahn!

Die Fichten haben nur die Qual,
verkümmert möglichst hoch zu streben.
Doch uns bleibt immer noch die Wahl:

Wir soll(t)en, könn(t)en, dürf(t)en auch,
wenn wir es wollen:
Befreiter leben!

8. *Instrumental*

Als ich das bess`re Leben suchte,*

............................,

da träumte mir
von

„GOTT"

Prolog:

„Das Gebot,
man solle sich kein Bildnis machen von
GOTT,
verliert wohl seinen Sinn nicht, wenn wir GOTT begreifen
als das Lebendige in jedem Menschen, das Unfassbare,
das Unnennbare, das wir als solches nur ertragen,
wo wir lieben. Sonst machen wir uns immer
ein Bildnis. Nicht bereit, nicht willig
und nicht fähig, einem
einzelnen Gesicht
gegenüber
zu stehen,
stempeln wir
ganze Völker ab
und können ihnen
nichts anderes zugestehen
als die Fratze unseres Vorurteils,
das immer eine Versündigung bedeutet."

Max FRISCH:

Ges. Werke Bd. II, S.279 Frankfurt am Main 1976/1986

1. Vorspiel: Instrumental

Lieber Heiko!

In den letzten Briefen schilderten wir uns wechselseitig unseren „Traum vom besseren Leben" und beschrieben die Bedingungen, die notwendig sind, diesen Traum Wirklichkeit werden zu lassen. Dabei wurden große Differenzen sichtbar zwischen uns.

Um es auf den Hauptnenner zu bringen: Du meinst, in Deinem Traum vom besseren Leben ohne Gott, ohne Transzendenz, zurecht kommen zu können. Ich halte entschieden dagegen, dass ich bei meinem LEBENs-Traum ohne GOTT, ohne Berücksichtigung der *TRANSZENDENZ*, ohne Transpersonalität, nicht auskomme.

In Deinem letzten Brief fragst Du nun recht aggressiv an: Was denn mein ganzes Gerede von Gott, von Transzendenz, eigentlich solle, ob ich vielleicht die Verantwortung nicht selber tragen wolle, ob ich im Angesicht meiner Ohnmacht einen mächtigen Gott im Himmel brauche, ob die Sache mit Gott nicht eine Droge sei, um das kritische Bewusstsein zu vernebeln?

2. Lied: Das Gerede über Gott

Refr.:   *Hat es jetzt auch Dich erreicht,*
           das Gerede über Gott?
           Hat es auch Dein Hirn erweicht,
           das Gerede über Gott?
           Dieser geistige Schrott,
           das Gerede über Gott!

1. *Was soll denn das Gerede über Gott?*
   Es ist doch wirklich überholt!
   Du erntest damit ungewollt
   nur mitleidiges Lächeln
   oder Hohn und Spott.

2. *Was bringt Dir Dein Gerede über Gott?*
Es stempelt Dich als frömmelnd ab,
hält Dich auf Illusionentrab,
und treibt Dich ohne Gnade in
den geistigen Bankrott.

3. *Oh, lass` doch Dein Gerede über Gott!*
Und suche in Dir selbst den Halt
ganz ohne jede Gott-Gestalt.
In unserer Hand liegt die Gewalt,
die Welt zu meistern ohne Gott!

Wie Du weißt, habe ich mit den Hütern der Religion, die sehr viel von Gott reden - und manchmal auch von Gott schwafeln - so meine Probleme. Ich möchte deshalb nicht, dass Du mich pauschal mit ihnen in einen Topf wirfst.

Um Dir zu verdeutlichen, was ich meine, wenn ich „GOTT" sage, möchte ich Dir einen beeindruckenden Traum erzählen, der mich vor einiger Zeit heimgesucht hat. Genau wie Du höre auch ich auf die Weisheit meiner Träume. Und so glaube ich, in diesem Traum, einem „Gottestraum", Entscheidendes über die Art und Weise erfahren zu haben, wie das traumproduzierende Unbewusste in seinen Bildern über „GOTT" spricht.

3. *Träume sind besondere Schäume*

Refr. A: *Träume sind nicht immer Schäume!*
Jetzt und hier eröffnen sie Dir
unbekannte neue Räume.
Hat dein Leben sich verfahren
offenbaren Träume manchmal
Lösungen im Unlösbaren.

1. *In des Lebens Wirrungen,*
selbstverkeilt als Konkurrent,
verlacht der Traum Dir vehement
Deine Selbstverirrungen.

> *In des Lebens Wirrungen,*
> *verknäuelt in Hass und Sympathien,*
> *hilft der Traum mit Strategien*
> *der Abwehr von Verirrungen.*

<u>Refr. A:</u>   *Träume sind nicht immer Schäume ...*

2.   *In des Lebens Wirrungen,*
> *mitten in den Turbulenzen,*
> *mahnt der Traum zu Konsequenzen,*
> *zum Auszug aus den Irrungen.*
> *In des Lebens Wirrungen,*
> *im Gestrüpp von Neid und Gier,*
> *weist der Traum auch häufig Dir*
> *Wege aus Verirrungen.*

<u>Refr. A:</u>   *Träume sind nicht immer Schäume ...*

3.   *In des Lebens Wirrungen,*
> *auf der Suche nach dem Heilen,*
> *lässt Dich der Traum geheilt verweilen*
> *diesseits aller Irrungen.*
> *In des Lebens Wirrungen,*
> *in manch` zerbroch`ner Lebensart,*
> *führt Dich der Traum aus Irrungen*
> *zum Ursprung in der Gegenwart.*

<u>Refr. B:</u>   *Träume sind besondere Schäume!*
> *Jetzt und hier eröffnen sie Dir*
> *hilfreich die zentralen Räume.*
> *Hast Dein Leben Du verfahren,*
> *offenbaren Träume manchmal*
> *Lösungen im Unlösbaren.*

Also folgendes träumte mir: „ICH stehe mit drei anderen Menschen zusammen und diskutiere mit ihnen heftig und kontrovers über GOTT.

Meine Position ist die eines aufgeklärten Christen: Ich berufe mich auf Jesus von Nazareth und seine transformatorische Vorstellung vom menschenfreundlichen Gott: GOTT ist den Menschen zugewandt, so vertrete ich, GOTT ist für die Menschen da.

Mein erster Diskussionspartner greift mich massiv an: Das Gerede vom menschenfreundlichen Gott sei alles hirnverbrannter Unsinn, geboren aus einem unausrottbaren Wunschdenken. GOTT, das sei eine fürchterliche Macht, vor der man erzittern müsste vor Angst, und dabei bebt er heftig und zittert vor Angst wie Espenlaub.

Ich versuche dagegen zu argumentieren mit meiner These vom menschenfreundlichen GOTT, vor dem man keine Angst zu haben brauche. Ich berufe mich wieder auf Jesus von Nazareth, der GOTT in seiner Erfahrung als „ABBA", also als: „Wie-ein-Vater-zu-uns" erlebt und verkündet hat.

Doch der Ängstliche bleibt bei seiner furchterregenden Gottesvorstellung und predigt laut den mächtigen und grausamen Gott.

Mein zweiter Diskussionspartner ist ein entschiedener Atheist, jemand, der die Existenz Gottes leugnet. Er lacht uns beide aus und meint, wir hätten uns da in unserer Vorstellung einen Gott gebastelt, den es gar nicht gäbe, ich mir einen menschenfreundlichen, der andere sich einen gräulichen.

Für ihn dagegen, den Atheisten, stehe fest, dass es Gott nicht gebe. Nur schwache Menschen würden sich in ihrer Fantasie einen Gott schaffen, entweder einen hilfreichen oder einen aggressiven, je nach Bewusstseinslage. Er dagegen sei ein aufgeklärter, emanzipierter Mensch, der sich keinen Gott basteln brauche. - Er ähnelt übrigens Dir, lieber Heiko, in seiner Art und seinen Argumenten.

4. Lied: Die Gottesfrage

Refr.:   Viele Fragen stellen sich!
*   Welche Antwort ist nun richtig?*

*   1.   Gibt es Gott? Ist er da?*
*   Oder war er einmal da?*
*   Oder ist Gott schon gestorben,*
*   für uns heute längst verdorben?*

2. *Oder ist Gott nie gewesen?*
   Woran könn`n wir dies ablesen?
   Oder wird er nochmal werden,
   irgendwann für uns auf Erden?

3. *Oder sollen wir Gott vergessen,*
   unser Leben selbst vermessen?
   Oder ist solch` ein Vergessen
   aller Gottheit selbst vermessen?

4. *Woher kommt das Gottverlangen*
   oft mit großer Vehemenz?
   Gibt`s vielleicht die Frequenz,
   die uns hilft, Gott zu empfangen?

5. *Was ist mit der Transzendenz?*
   Falls sie IST, welch` Konsequenz
   hat sie wohl für unser Leben,
   für das Nehmen, für das Geben?

Nach einer Weile intensiver, heftiger Diskussion zwischen uns dreien schaltet sich der Vierte ein. Er meint, er könne es nicht verstehen, warum wir uns so ereiferten über eine Sache, die ihm völlig gleichgültig sei. Ob Gott oder Nicht-Gott, das sei ihm total egal. Was ihn einzig und allein interessiere, sei Geld, Macht und schöne Frauen. Wir sollten es ihm doch gleichtun, uns für Geld und Sex engagieren und nicht für so einen Unsinn wie die Sache mit Gott, von der man ja sowieso nichts habe.

Wir widersprechen ihm deutlich und massiv. Unsere Auseinandersetzung wird immer härter und aggressiver. Sie wogt hin und her, ohne jemanden zu bewegen, von seiner Position abzuweichen. Wir stehen hart gegeneinander, ein Konsens, eine Übereinstimmung ist nicht in Sicht und auch kaum denkbar.

6. Kanon:
Wohin führt uns ein Streit über GOTT?

*Ein interessegeleiteter Streit über Gott
führt uns niemals sehr weit.
Er treibt nur seine Spur,
er vertieft die Unkultur
weiterer Gespaltenheit*

Da geschieht plötzlich etwas Eigenartiges, Traumhaftes:

Es nähert sich uns eine Art Lichtkreis. Zuerst sind wir verwundert. Doch mit zunehmender Nähe fasziniert uns dieser eigenartige Lichtkreis. Als er bei uns angekommen ist, umfasst er mich und umschließt den Angstvollen. In dem Moment, in dem er mein und sein Herz durchdringt und uns verbindet, spüre ich die Anwesenheit einer ungeheuren Liebesenergie und eine mächtige Vertrauenskraft, die den Angstvollen und mich trägt und uns vereint.
Ich nehme wahr, dass auch der Angstvolle es spürt und - wie vom Blitz getroffen - WISSEN wir in diesem Augenblick beide: Das IST GOTT, der uns berührt, diese Gegenwart einer gewaltigen Liebe, diese bebende Präsenz, die uns umfasst, das ist GOTT.
Wir wissen es einfach, jenseits aller Argumente.
Ergriffen von jener Liebeskraft fallen wir uns in die Arme. Dabei spüre ich ganz tief in mir: Dies` ist unsere Aufgabe: Sich von jener unbeschreiblichen Liebe ergreifen lassen und in ihrer Kraft die Welt umarmen und gestalten!
Das gleiche wiederholt sich in ähnlicher Intensität mit mir und den beiden anderen, dem Atheisten und dem Gleichgültigen.
Und jedes Mal wissen wir: DAS IST GOTT !
Erschüttert und ergriffen nehme ich wahr, wie alles in mir jubelt: Es ist mir jetzt offenbar: Das IST GOTT, diese Liebespräsenz, die man mit Argumenten und Begriffen nicht einfangen kann.
Ich gewahre auch die Nutzlosigkeit jeder Diskussion Über-GOTT, wenn man nicht gleichzeitig VON-IHM ergriffen ist und IN-IHM-ZU-IHM erwacht.

Zuletzt umfasst uns alle vier der Lichtkreis mit seiner Liebeskraft und lässt uns in der Verbundenheit miteinander die beschriebene Liebes-Präsenz erfahren. Dann weitet sich die Lichterscheinung und durchdringt die Erde, den Weltraum, den Kosmos. Als es mir zu intensiv wird, erwache ich aus diesem ungewöhnlichen Traum mit klopfendem Herzen, bebendem Leib und einem Schluchzen vor Freude und Jubel.

Nachdem ich mich wieder gefangen habe, stehe ich auf und notiere den Traum, denn ich weiß, er enthält eine wichtige Botschaft."

Soweit mein Gottestraum, lieber Heiko.

Vielleicht verstehst Du nun etwas besser, was ich meine, wenn ich „von GOTT" rede.

Ich meine nicht den Über-Vater im Himmel.

Ich meine nicht den Hilfsgott für die Schwachen, nicht den: „Hab`- mich - lieb- und - lass - mich - sonst - in - Ruhe"- Kuschelgott.

Ich meine nicht die Gottesdroge vieler Religiöser und heute auch vieler Esoteriker.

Ich meine nicht den autoritären Kirchen-Stabilisator-Gott. Ich meine „GOTT", so wie ich ihn symbolisch in meinem Traum erfahren habe als eine ergreifende WIRKLICHKEIT, die sich in die Traumbilder „einbildete" und in ihnen aufrichtend und verbindend aufleuchtete, „GOTT" wie er uns auch von Jesus von Nazareth bezeugt wurde:

„GOTT IST DIE LIEBE und wer in der Liebe wohnt, der wohnt IN-GOTT und GOTT-IN-IHM", so heißt es in der Bibel.

7. Wo die Liebe wohnt (Taizé – Kanon)

Wo die Liebe wohnt,
da wohnt auch Gott.
Wer in der Liebe bleibt,
der bleibt in Gott.

Du kannst Dir nun sicher vorstellen, lieber Heiko, dass ich meinen Traum vom besseren Leben nur mit diesem Vorzeichen, diesem „Gottesvorzeichen" vor der Klammer des Lebens entwerfen kann.

Alles andere wäre mir zu kurz geträumt und würde zu keinem besseren Leben führen.
Ich möchte daran mitarbeiten, möglichst viele Menschen auf diese Liebespräsenz hinzuweisen, damit sie ihr Leben in ihr nun neu und besser buchstabieren und leben lernen. Ich hoffe, wir sind in unserem brieflichen Gespräch ein Stück weitergekommen.

Ich grüße Dich herzlich,

Dein Lasse

8. Nachspiel: Instrumental

Nachtrag 1:
Rainer Maria Rilkes Gottesbild:
„Gott nicht mehr als ein demonstrierbares, forderndes Gegenüber, sondern als ein immer schon im tiefsten Inneren Gegenwärtiger und Wirkender, der vom Herzen in besonders schöpferischen, „glühenden" Augenblicken erfahren wird, ohne dass er sich dadurch „verriete", seinen Geheimnischarakter verlöre."

Günther Schiwy

(In: Rilke und die Religion, Frankfurt a.M. 2006, S. 41)

Nachtrag 2:
Ein Gottestraum ist ein „Gottestraum", also ein träumendes Symbolgeschehen in der Tiefenpsyche - nach C. G. JUNG ein Traum aus der SELBST-Sphäre. Er sagt etwas darüber aus, wie die PSYCHE empirisch überprüfbar von Gott in Symbolen spricht, nicht mehr und nicht weniger.

Selbstveranschaulichung des S E L B S T

Am intensivsten ist das Erleben in jenen seltenen Fällen, in denen das SELBST sich selber veranschaulicht: wenn es um Etwas ganz Fundamentales geht. Dann nimmt das Erleben jene Intensität und auch Qualität an, die heute in der Religionswissenschaft als *numinos* - als faszinierend und erschütternd zugleich - bezeichnet wird. Erlebnisse des SELBST haben nicht nur jene *Intensität*, über die in der religiösen Tradition von Gotteserlebnissen berichtet wird, sondern auch jenes *Erscheinungsbild*. Die Analyse
der Gestaltungen des Unbewussten hat
nämlich ergeben, dass das

S E L B S T

wenn

es sich

selber veran-

schaulicht, dazu

jene Gestalten und

Symbole bildet, welche

Religionswissenschaftler aus

den verschiedensten Kulturen als

G o t t e s b i l d e r

zusammengetragen haben. Das heißt,
dass die im Verlauf der Kulturgeschichte
zu Stande gekommenen Gottesbilder als synonyme
Selbstveranschaulichungen des SELBST aufzufassen sind.

Willy Obrist

(In: Die Natur - Quelle von Ethik und Sinn – Zürich 1999 S.312)

Anmerkungen

* In dem Brief: „Als ich das bessere Leben suchte ..." habe ich einen „Gottestraum" etwas variiert. In meinem tatsächlichen Traum traten alle drei Mit-Akteure als dunkle, angstvolle Gestalten auf. Da sowohl die Leugnung umfassender WIRKLICHKEIT als auch die Gleichgültigkeit ihr gegenüber Masken der Angst sind, habe ich die Gestalten ihre jeweilige Rolle als Atheist und Gleichgültiger spielen lassen. An der Lysis des Traumes hat sich dadurch nichts verändert!   Er ist erstmalig abgedruckt in: **Lasse Los: Im Staunen bin ich frei gesetzt** - Gedichte, Lieder, Texte 2001 - Neuauflage 2015 BoD, Norderstedt.
Als Music-Textival enthält er zusätzlich noch Instrumentalstücke und den Text befragende, vertiefende und umrahmende Lieder.

** In: **Lasse Los: R-AUSGEFLOGEN** - (Ein bunter Abgesang auf einen Kreuzweg in und aus der realexistierender Kirche! Texte, Gedichte und Briefe - erste Version 2001 – erweiterte Neuauflage 2016, BoD, Norderstedt) habe ich meine Jugend-Musikarbeit mit seinen Music-Textcollagen und Music-Textivals im Kontext meiner sozialpädagogen Arbeit kurz beschrieben.

In der Reihe Edition LOS sind außerdem erschienen:

Band 1: Lasse Los: Im Staunen bin ich frei gesetzt
Gedichte, Lieder, Texte 2001 - Neuauflage 2015 - BoD, Norderstedt

Band 2: Lasse Los: Verwundert
Heilsames Misslingen   - Testlauf in der Kunst des Scheiterns - Gedichte und Briefe 2001, erweiterte Neuauflage 2016 - BoD, Norderstedt

Band 3: Lasse Los: *R*-AUSGEFLOGEN
Ein bunter Abgesang auf einen Kreuzweg in und aus der realexistierender Kirche! Texte, Gedichte und Briefe - erste Version 2001 – erweiterte Neuauflage 2016 - BoD, Norderstedt